LE PEINTRE-GRAVEUR FRANÇAIS.

PARIS, IMPRIMERIE DE Mme HUZARD (NÉE VALLAT LA CHAPELLE),

rue de l'Eperon, n° 7.

LE PEINTRE-GRAVEUR

FRANÇAIS,

OU

CATALOGUE RAISONNÉ DES ESTAMPES

GRAVÉES

PAR LES PEINTRES ET LES DESSINATEURS

DE L'ÉCOLE FRANÇAISE.

OUVRAGE FAISANT SUITE AU PEINTRE-GRAVEUR DE M. BARTSCH.

PAR A.-P.-F. ROBERT-DUMESNIL.

J'aurai du moins l'honneur de l'avoir entrepris
LA FONTAINE.

TOME SECOND.

PARIS,

Chez { GABRIEL WARÉE, LIBRAIRE, QUAI VOLTAIRE;
{ Mᵐᵉ HUZARD, LIBRAIRE, RUE DE L'ÉPERON, Nº 7.

1836.

LE PEINTRE-GRAVEUR FRANÇAIS.

—

Artistes nés dans le dix-septième siècle.

—

PREMIÈRE PARTIE.

TABLE,

PAR ORDRE CHRONOLOGIQUE, DES ARTISTES DONT LES OEUVRES
SERONT CATALOGUÉS DANS CE VOLUME.

CHARLES MESLIN.

Charles Meslin, *Mellin* ou *Mélin*, naquit en Lorraine dans les premières années du dix-septième siècle.

Il fut, selon de Piles, condisciple de Simon Vouët, en Italie; assertion que semble modifier Félibien, qui dit simplement que Meslin se mit sous la discipline de ce maître, à Rome, ville que Vouët quitta en 1627.

Quoi qu'il en soit, il eut de la célébrité, puisqu'il travailla dans le cloître des minimes de Rome, et dans une chapelle de Saint-Louis des Français; mais c'est à Naples qu'il fit le plus d'ouvrages; il peignit aussi un cloître au Mont-Cassin, et mourut peu de temps après son retour à Rome, c'est à dire vers 1650.

Nous n'avons pu découvrir qu'une pièce sortie de sa pointe; c'est celle qui suit.

Cet artiste avait un frère, prénommé *Pierre*, d'après lequel Jérôme David a gravé quelques morceaux; nous ignorons s'il a gravé lui-même.

Ex voto.

Saint Jean l'évangéliste, assis au fond de la droite, tient un livre sur lequel il écrit les promesses

que semblent lui faire deux personnages agenouillés
à ses pieds. Un ange parle à saint George, debout,
à gauche, tenant un grand drapeau, et foulant aux
pieds le dragon. Saint Jean-Baptiste, debout, du
côté opposé, semble implorer en faveur des deux
pénitens les graces de la Divinité, en levant les
yeux au ciel, où l'on aperçoit la Vierge couronnée
par Dieu, le Père, le Fils et le Saint-Esprit. Composition cintrée du haut, et qui a tout l'air d'un
ex voto.

Dans la marge, à droite : *Carolus Melini. Lota-
ringio fecit Romæ,* comme nous le rapportons
n° 1 de nos planches auxiliaires.

Hauteur : 10 po. 11 l., y compris 4 l. de marge. Largeur :
6 po. 4 l.

ANTOINE LEMERCIER.

M. l'abbé de Marolles est le seul auteur qui révèle le nom de cet artiste, en nous apprenant qu'il a gravé d'après Pierre Collot, architecte. Son assertion, pleinement justifiée, établit que *Lemercier* florissait en 1633. Mais notre artiste fut-il peintre, architecte ou sculpteur ? Son *Saint Jean dans le désert* nous paraît démontrer qu'il exerça la statuaire, et son œuvre entier témoigne qu'il mania le crayon et la pointe avec plus de hardiesse que de talent.

On ne saurait le confondre avec Jacques Le Mercier, premier architecte de Louis XIII, qui a pareillement été sculpteur, et qui a gravé. Peut-être étaient-ils parens.

OEUVRE

D'ANTOINE LEMERCIER.

1. *Saint Jean dans le désert.*

Debout, contre un rocher à droite, le saint tient d'une main sa croix ornée de la banderolle, qu'il montre de l'autre, en semblant prêcher. Ce rocher est baigné par des eaux qui longent un bois vu en perspective.

Sur un quartier de rocher : *A Lemercier,* comme nous le rapportons n° 2.

Hauteur : 7 po. 6 l. Largeur : 5 p. 8 l.

—

CHEMINÉES, PORTES ET FENÊTRES,
traitées dans le goût dit aujourd'hui de la renaissance.

2 A 13. SUITE DE DOUZE PIÈCES NON CHIFFRÉES.

Hauteur : 6 po. 8 l. à 7 po. Largeur : 4 à 5 po.

2.

(1) Cheminée ornée, au haut, d'un écusson entouré des cordons de Saint-Michel et du Saint-Esprit, et surmonté d'un chapeau de cardinal. Dans le tableau, on lit : ✶P✶COLLO✶INVENTOR✶ANT✶ LE ✶ MERCIER ✶ INSIDIT ✶ PAR ✶ PRIVILEGE ✶ DV ✶ ROY ✶. Et dans le foyer : *A Paris chez Michel van Lochon Graueur et Imprimeur du Roy Demeurant Rue S^t. Iacques à la Rose blanche couronné.*

3.

(2) Cheminée ornée, au haut, d'une figure de la Renommée.

4.

(3) Cheminée ornée, au haut, d'un aigle tenant des festons.

5.

(4) Cheminée ornée, au haut, d'un écusson surmonté d'un chapeau de cardinal, soutenu par deux anges sonnant de la trompette.

6.

(5) Cheminée ornée, au haut, de l'écu de France et de Navarre couronné.

7.

(6) Cheminée ornée, au haut, d'un écusson non armorié, que surmonte une couronne ducale.

8.

(7) Porte ornée, au haut, du buste de Louis XIII, dans une décoration sur laquelle est posée la couronne royale.

9.

(8) Porte ornée, au haut, des armes de France et de Navarre, surmontées de la couronne royale de France.

10.

(9) Porte décorée, au haut, d'une corbeille de fruits.

11.

(10) Pièce à dédoubler, offrant deux croisées;

l'une, à gauche, est surmontée d'une tête de Pomone; l'autre, à droite, d'un casque.

12.

(11) Pièce à dédoubler, offrant deux croisées; l'une, à gauche, est surmontée d'un enfant tenant une couronne de fleurs; l'autre, à droite, est surmontée d'un écusson avec une couronne ducale.

13.

(12) Pièce à dédoubler, offrant deux croisées surmontées, celle à gauche, d'une corbeille de fruits, avec un ange sonnant de la trompe, et celle à droite, d'un mascaron.

—

PIÈCES D'ARCHITECTURE,
pareillement dans le goût de la renaissance.

14 À 23. SUITE DE DIX PIÈCES NON CHIFFRÉES (1).

Hauteur : 8 po. 6 l. à 9 po. 9 l. Largeur : 6 po. 3 l. à 7 po.

14.

(1) Cheminée décorée, au haut, d'un écusson non armorié, surmonté d'un casque. Dans le champ, on lit : *PIÈCES* D'ARCHITECTVRE OV SONT COMPRISES PLVSIEVRS SORTES DE CHEMINÉES *portes, tabernacles et autres parties auec tous leurs ornements et appartenances nouuellement inuentées par Pierre Collot Architecte.*

---

(1) Comme notre description n'embrasse pas toutes les espèces de pièces énoncées dans le frontispice, il est présumable que cette suite s'élève au delà des 10 morceaux que nous allons décrire.

1633 *A Paris Chez Mich. van Lochon ruë S. Iac-*
ques, à la rose blanche couronnée.

Au bas de la gauche : *Anthoine le Mercier fecit.*

15.

(2) Pièce à dédoubler, offrant deux cheminées surmontées, celle à gauche, d'un mufle de lion ; et celle à droite, d'une tête de femme.

16.

(3) Cheminée décorée, au haut, d'un Zéphyr supportant des festons.

17.

(4) Cheminée décorée, au haut, de l'écu de France et de Navarre, que surmonte la couronne de France.

18.

(5) Cheminée décorée, au haut, d'un écusson non armorié, surmonté d'une couronne ducale.

19.

(6) Cheminée décorée, au haut, par deux Génies supportant l'écu de France et de Navarre, surmonté de la couronne royale de France.

20.

(7) Cheminée décorée, au haut, par deux Zéphyrs soutenant et des guirlandes de fruits et un écusson non armorié, que surmonte un casque.

21.

(8) Porte surmontée d'une Renommée assise sur des trophées.

22.

(9) Porte surmontée du buste de Louis XIII, dans un trophée.

23.

(10) Porte surmontée de trophées d'armes, avec cimier au milieu.

RÉMY VUIBERT.

Cet artiste dont, à tort, ce nous semble, le nom a été écrit *Wibert*, par plusieurs auteurs, fut élève de Simon Vouët.

Félibien le fait naître en Champagne, sans dire en quel lieu. Florent le Comte dit que ce fut à Troyes; cependant, des écrivains postérieurs disent qu'il naquit à Paris, et assignent 1607 comme époque approximative de sa naissance.

Poussin en parle comme d'un ami dans sa correspondance avec M. de Chantelou, et l'on peut conjecturer, avec assez de vraisemblance, qu'il finit ses jours à Rome, où il demeura long-temps.

Nous devons à sa pointe les vingt-neuf pièces que nous allons décrire; c'est dix de plus que n'en dénomment MM. Huber et Rost.

M. Bénard (cabinet Paignon-Dijonval) lui attribue encore *saint Michel terrassant le démon*, d'après Le Guide, mais nous n'avons pu rencontrer cette pièce.

Dans les morceaux gravés d'après ses compositions, et d'après Raphaël et Poussin, notre artiste s'est servi d'une pointe très déliée, dont le travail serré présente de l'analogie avec celui de *François Perrier*; mais, dans les autres, il a donné plus de largeur à ses tailles, et le grain de ses travaux est plus ouvert; aussi, ces derniers morceaux ont plus d'analogie avec ceux de *P. Scalberge* qu'avec ceux de *Perrier*.

OEUVRE

DE

REMY VUIBERT.

PIÈCES D'APRÈS SES COMPOSITIONS.

—

1. *La Présentation au temple.*

La sainte Vierge est agenouillée, portant dans ses bras l'enfant Jésus qu'elle présente au grand-prêtre debout, à droite, qui se penche pour le recevoir. Un homme, tenant une amphore, est assis sur une marche de l'autel, et un autre se voit age-nouillé au bas, du côté opposé, tenant une cage dont il extrait un oiseau.

Dans la marge : *Suscepimus deus misericordiam tuam in medio templi tui. Psal. 35.*

Et plus bas, à gauche : *Remy Vuibert inue et sculptor Parisijs* 1640 ; et, à droite : *Cum Priuil. Regis Christ^{mi}.*

Largeur : 11 po. 1 l. Hauteur : 9 po. 7 l., y compris 10 l. de marge.

2. *Le Miracle de saint Paul à Éphèse.*

Saint Paul, ayant deux disciples derrière lui, se voit tourné à droite au milieu de l'estampe ; il re-garde au bas de la gauche, où un possédé est exorcisé par l'imposition des linges qui avaient touché l'apôtre. Le fond du sujet est occupé par des monumens d'une riche architecture.

Dans la marge, au milieu : *In vmbra tua viuemus in Gentibus. Thren.* 4; à droite : *Remy Vuibert inu? et sculp. Parisijs* 1639; et à gauche : *Cum Priuil. Regis Christ^{mi}.*

Hauteur : 12 po. 2 l., y compris 2 l. de marge. Largeur : 10 po. 3 l.

—

PIÈCES D'APRÈS DIFFÉRENS PEINTRES.

D'APRÈS RAPHAEL.

3 à 16. Figures symboliques peintes par Raphaël au Vatican. Suite de 14 pièces chiffrées à gauche de la marge. Dans cette marge, au milieu, le nom du sujet; et au bas, à gauche : *Rafael Vrbinas Pinxit Romæ in Vaticano;* et à droite : *Remigius Vuibert sculpsit Romæ Superior. licentia* 1635.

Hauteur : 7 po. 2 à 4 l., y compris de 5 à 9 l. de marge. Largeur : 4 po. 6 l. à 5 po. 3 l.

On connaît quatre états de ces planches :
I. Avant la lettre.
II. Avec la lettre, mais avant les numéros.
III. Avec la lettre et les numéros, mais les angles des planches sont à arêtes vives.
IV. Les angles sont arrondis.

3. *La Prudence.*

(1) Assise sur un socle à droite et le casque en tête, elle tient d'une main un serpent, et de l'autre

un miroir dans lequel elle regarde. Au milieu de la marge : PRVDENTIA.

4. *L'Innocence.*

(2) Assise sur un socle qui occupe le bas de la droite, elle est vue de face, tournant la tête, et tenant de ses deux mains une colombe. Au milieu de la marge : INNOCENTIA.

5. *La Modération.*

(3) Assise de face, au milieu de l'estampe, sur un siége de forme antique, elle tient de ses deux mains une bride, en s'appuyant d'un pied sur un vase. Au milieu de la marge : MODERATIO.

6. *La Religion.*

(4) Assise sur un socle à gauche, elle regarde à droite, tenant de chaque main une tablette. Sur celle à droite, on lit : LIBER GENERATIONIS JESV CHRISTI FILII DAVID. Sur l'autre sont des caractéres hébraïques. Au milieu de la marge : EVANGELIVM.

7. *La Force.*

(5) Elle est assise armée, à droite, sur un lion couché en travers de la composition et tenant de ses deux mains une massue. Au milieu de la marge : FORTITVDO.

8. *La Sagesse.*

(6) Assise de face, au milieu de l'estampe, elle tient de la main gauche un foudre, et de l'autre un livre, ouvert sur ses genoux, dans lequel elle lit. Au milieu de la marge : SAPIENTIA.

9. *L'Éternité.*

(7) Assise de face, au milieu, la tête inclinée à gauche, où elle regarde un oiseau, probablement le phénix; elle tient d'une main un miroir, et de l'autre une plume. Au milieu de la marge : ÆTERNITAS.

10. *L'Église.*

(8) Assise sur un socle, qui se voit au bas de la droite, elle est vue de profil, regardant en haut de là gauche, et montrant, d'une main, une église qu'elle soutient de l'autre sur elle. Au milieu de la marge : ÆCLESIA.

11. *La Charité.*

(9) Elle est assise, vue de face, au milieu, ayant deux enfans sur ses genoux, la tête inclinée à droite, où se voit un troisième enfant debout, et qu'elle aide à se réunir aux deux autres. Au milieu de la marge : CHARITAS.

12. *La Pauvreté* (1).

(10) Assise sur une souche à gauche, et tournée du côté opposé, elle regarde de face, portant au cou un collier de feuilles d'où pend un cœur; elle cherche à couvrir sa nudité d'un voile qu'elle tient des deux mains. Au milieu de la marge : PAVPERTAS.

13. *La Mansuétude.*

(11) Elle est assise, à gauche, sur un siége an-

---

(1) D'autres y ont vu *la Vérité.*

tique, les pieds posés sur un agneau, s'appuyant d'une main sur sa chaise, et posant l'autre sur son sein. Au milieu de la marge : COMITAS.

14. *La Justice.*

(12) On la voit assise au milieu, tournée à gauche, tenant d'une main une balance, et s'appuyant de l'autre sur une autruche. Au milieu de la marge : IVSTITIA.

15. *La Foi.*

(13) Elle est assise de face, au milieu, regardant à gauche un calice qu'elle tient d'une main, et posant l'autre sur sa poitrine. Au milieu de la marge : FIDES.

16. *La Paix.*

(14) La tête couronnée de lauriers, elle est vue de face, assise, et regardant à droite, tenant d'une main une branche d'olivier, et s'appuyant de l'autre sur son siége. Au milieu de la marge : PAX.

17. *Adam et Ève.*

Adam, assis à droite, semble faire des remontrances à Ève, debout à gauche, sur son dessein de cueillir des fruits à l'arbre de vie, qui se voit entre eux, dont, de la main droite, elle a déjà saisi une branche, et autour duquel le serpent, qui a un buste humain, est entortillé.

Dans la marge, au milieu, en deux lignes : *Rafael Vrbinas Pinxit Romæ in Vaticano. Remigius Vuibert Gallus sculpsit An.* 1635 ; et plus bas, à droite : *Romæ Superior. licentia.*

Hauteur : 8 p. 9 l., y compris 9 l. de marge. Largeur :
6 po. 8 l.

On connaît deux états de cette planche :
I. Les angles sont aigus.
II. Les angles sont arrondis.

18. *Le Jugement de Salomon.*

Salomon est sur son trône, à gauche, aux deux côtés
duquel sont les deux mères ; l'une, agenouillée,
montre l'enfant mort, étendu au bas de la droite ;
l'autre semble s'élancer avec impétuosité vers le
bourreau, debout du même côté, qui tient l'enfant
vivant, et sur lequel il allait exécuter la sentence.

Dans la marge, au milieu, en deux lignes : *Rafael
Vrbinas Pinxit Romae in Vaticano. Remigius Vui-
bert Gallus sculpsit. An.* 1635 ; et plus bas, à droite :
Romae Superior. licentia.

Hauteur : 8 po. 7 l., y compris 15 l. de marge. Largeur :
6 po. 8 l.

On connaît deux états de cette planche :
I. Les angles sont aigus.
II. Les angles sont arrondis.

19. *La Providence gouvernant le Monde.*

Le globe céleste, au centre duquel on aperçoit la
terre, semble lancé au hasard dans l'espace, au
milieu de l'estampe ; mais la Providence, sous la
figure d'une femme belle et réfléchie, qui se voit
debout derrière, se penche dessus, y pose une main
et étend l'autre en signe de puissance et de bonté,
ce que regardent deux Génies, portant chacun un

livre, qui se voient à ses côtés, sur des nuages, et qui prennent leur vol.

Dans la marge, au milieu, en deux lignes : *Rafael Vrbinas Pinxit Romæ in Vaticano. Remigius Vuibert Gallus sculpsit. An.* 1635 ; et plus bas, à droite : *Romae Superior. licentia.*

Hauteur : 8 po. 9 l., y compris 14 l. de marge. Largeur : 6 po. 9 l.

On connaît deux états de cette planche :
I. Les angles sont aigus.
II. Les angles sont arrondis.

20. *Apollon et Marsyas.*

Assis sur un monticule, à droite, et couronné de lauriers par un Satyre vu par le dos, au milieu de l'estampe, Apollon, tenant sa lyre d'une main, et faisant, de l'autre, une indication à gauche, regarde de ce côté, où l'on voit Marsyas, pendu par les bras à un arbre, et qu'un autre Satyre s'apprête à écorcher.

Dans la marge, au milieu, en deux lignes : *Rafael Vrbinas Pinxit Romae in Vaticano. Remigius Vuibert Gallus sculpsit. An.* 1635 ; et plus bas, à droite : *Romae Superior. licentia.*

Hauteur : 8 po. 8 l., y compris 11 l. de marge. Largeur : 6 po. 9 l.

On connaît deux états de cette planche :
I. Les angles sont aigus.
II. Les angles sont arrondis.

D'APRÈS LE DOMINIQUIN.

(*Nota.* Les cinq premières pièces ne portent pas le nom de Vuibert.)

21. *Diane et Endymion.*

Assis à côté de son chien et dormant, au milieu de l'estampe, sur le revers du mont Latmos, le berger Endymion est visité par Diane, qui s'en approche amoureusement.

Dans la marge, six vers, en deux colonnes, commençant par : *Quæ toties in tacta Deos....*; et au dessous, les noms du peintre et de *Ciartres*, éditeur, suivis du privilége.

Hauteur : 9 po. 6 l., y compris 9 l. de marge. Largeur : 7 po. 2 l.

On connaît trois états de cette planche :

I. Avant les vers ; seulement les noms du peintre et de l'éditeur.

II. C'est celui décrit.

III. Le nom de *Mariette* substitué à celui de Ciartres.

22. *Pan et Diane.*

Pan est debout, à gauche, à l'entrée d'un bois, ayant un bélier couché à ses pieds, dont il offre la blanche toison à Diane, qu'on voit au ciel, à droite, et qui se penche pour la recevoir.

Dans la marge, six vers, en deux colonnes, commençant par : *Hic satyrus castæ correptus amore Diana....*; et, au dessous, les noms du peintre et de *Ciartres*, éditeur, suivis du privilége.

Hauteur : 9 po. 10 l., y compris 8 l. de marge. Largeur : 7 po. 2 l.

On connaît trois états de cette planche semblables à ceux du n° 21.

23. *Latone et ses enfans.*

Assise de face, au milieu de l'estampe, sur un monticule couronné de verdure, et où s'élèvent deux arbres, Latone tient à ses côtés Apollon et Diane; ce que semble regarder avec complaisance Jupiter, qui apparaît au milieu du haut.

Dans la marge, six vers, en deux colonnes, commençant par : *Exulerat quendam Latona....;* et, au dessous, les noms du peintre et de *Ciartres,* éditeur, suivis du privilége.

Hauteur : 12 po. 3 l., y compris 9 l. de marge. Largeur : 8 po. 3 l.

On connaît trois états de cette planche semblables à ceux du n° 21.

24. *Diane au bain.*

Sous la vasque d'une fontaine, à droite, Diane est au bain, entourée de ses nymphes. Surprise en cet état par Actéon, elle l'en punit en le métamorphosant en cerf. Suivi de ses chiens, on le voit s'enfuyant à gauche.

Dans la marge, six vers, en deux colonnes, commençant par : *Acteon oculis....;* et, au dessous, les noms du peintre et de *Ciartres,* éditeur, suivis du privilége.

Largeur : 11 po. 6 l. Hauteur : 8 po. 4 l., y compris 9 l. de marge.

On connaît deux états de cette planche :

I. C'est celui décrit.

II. Le nom de *P. Mariette* substitué à celui de Ciartres.

25. *Le Sacrifice d'Iphigénie.*

La fille d'Agamemnon est agenouillée au milieu, en avant de sa famille éplorée, qui se voit à droite, présentant sa tête au bourreau, debout en avant de l'autel où Calchas sacrifie.

Dans la marge, six vers, en deux colonnes, commençant par : *Cum foret immiti iamiam mactanda Diana....;* et, au dessous, les noms du peintre et de *Ciartres,* éditeur, suivis du privilége.

Même dimension.

On connaît deux états de cette planche semblables à ceux du n° 24.

26. *Le Martyre de saint André.*

Saint André est étendu sur le chevalet et fouetté par les bourreaux. On remarque, à droite, un soldat repoussant une foule de femmes et d'autres spectateurs témoins du supplice de l'apôtre.

Dans la marge, au milieu : *Quæritur Andræas cur sit tot verbera passus, In promptu causa est, zelus amorque Dei;* à gauche : *Dominiquin in et pin. in Romæ Remy Vuibert fecit;* et, à droite : *Ganiere excudit auec priuil. re. christi^{mi}.*

Largeur : 14 p. 6 l. Hauteur : 11 p. 2 l., y compris 5 l. de marge.

On connaît trois états de cette planche :
I. C'est celui décrit.
II. Le nom de *H Bonnart* substitué à celui de Ganière.
III. Le nom de H Bonnart effacé.

D'APRÈS PIÈTRE DE CORTONE.

27. *Le Baptême de saint Paul.*

L'apôtre est agenouillé, à droite, sur les marches de l'autel, devant le disciple Ananie, debout, du côté opposé, qui lui impose les mains.

Dans la marge, à gauche : *Esq. Petrus Berretinus Corton. Pinxit.*

Ce morceau, qui ne porte pas le nom de Vuibert, nous paraît être aussi incontestablement de sa pointe que les n°s 21, 22, 23, 24 et 25.

Hauteur : 13 po. 8 l., y compris 9 l. de marge. Largeur : 9 po. 4 l.

—

D'APRÈS N. POUSSIN.

28. *L'Ensevelissement de Notre-Seigneur.*

Le corps mort du Christ est sur un linceul, en travers de la composition, soutenu en partie par la Vierge et une autre sainte femme, assises au delà. Joseph d'Arimathie fait des dispositions dans le sépulcre, qui se voit à droite, et sur le bord duquel saint Jean est assis pleurant.

Dans la marge, au milieu : *Posuerunt eum in monumento suo nouo. Math.* 27 ; à gauche : *Il Poussin. Inue? R. V. sculpsit Parisijs* 1643 ; et, à droite : *Cum Priuil Regis Christ^{ni}.*

Largeur : 14 po. Hauteur : 10 p. 7 l., y compris 8 l. de marge.

D'APRÈS FRANÇOIS DUQUESNOY,
DIT FRANÇOIS FLAMAND.

29. *Saint André.*

Reproduction, par notre artiste, de la célèbre statue de saint André, qui décore Saint-Pierre de Rome. L'Apôtre est vu de face, tournant la tête à gauche, et levant les yeux au ciel. *Belle pièce.*

Dans la marge : *Marmoream Apostoli Andreæ statuam altitudinis palmorum vigenti vnius in templo Vaticano facturus Franciscus Querectus Bruxellensis, ibidem hoc primum operis instar ex argilla, gypsoque posuit. An. Sal. MDCXXIX. super-Permissu.*

Hauteur : 14 po. 9 l., y compris 9 l. de marge. Largeur : 10 p. 7 l.

DE SOURCHES.

M. Louis-François du Bouchet, marquis de Sourches, grand-prévôt de France, naquit au commencement du dix-septième siècle. Il fut dessinateur, et mania la pointe dans le goût de *Stéfano Della Bella*, dont probablement il reçut des leçons pendant le séjour que cet artiste fit à Paris, de 1640 à 1649.

Le Cabinet des Estampes de la Bibliothèque royale de Paris conserve, de cet amateur-artiste, dix-neuf pièces qui ne sont pas communes. Ce sont des copies d'après *La Belle*, d'une imitation si exacte, qu'il ne serait pas étonnant que des épreuves avant la lettre fussent prises pour les originaux mêmes.

Mais ce que le cabinet ne possède pas, c'est une suite de douze pièces, bien plus rares encore, marquées d'un monogramme que nous croyons appartenir à cet amateur, qui les a gravées, d'après ses propres dessins, d'une pointe qui ressemble bien plus à celle de *La Belle* qu'à toute autre. L'analogie est si frappante, en effet, que MM. Mariette et Gersaint, qui présidèrent à l'arrangement du Cabinet de M. Paignon-Disjonval, avaient placé notre n° 3 dans l'œuvre de *La Belle* que possédait cet amateur. Ce morceau a été indiqué par M. Bénard, sous le n° 241 des Estampes de ce Cabinet; mais, à la vérité, comme pièce douteuse.

Si l'on en croit le père Lelong (*Bibliothèque historique de France*), M. de Sourches aurait encore gravé une pièce, qui est le Portrait de Mme de Nevelet, femme d'un conseiller au parlement de Paris; mais ce morceau ne nous est pas tombé sous la main.

OEUVRE

DE

DE SOURCHES.

MORCEAUX D'APRÈS SES COMPOSITIONS.

—

1 A **12**. *Diverses figures.*

Suite de 12 pièces marquées, à gauche de la marge, du monogramme que nous rapportons n° 3.

Largeur : 4 po. 9 à 11 l. Hauteur : 3 po. 6 à 8 l., y compris une marge de 1 à 2 l.

On connaît deux états de ces planches :

I. Avant l'adresse de *Langlois* et avant le numéro.

II. Avec cette adresse et avec le numéro. Comme nous n'avons pu rencontrer que les n°ˢ 6 et 7 de cet état, nous décrirons les autres sans suivre un ordre que nous ignorons.

1. *Le Berger.*

(1) Il est debout, au milieu du devant, appuyé sur son bâton, tenant son chien en laisse, et dans l'attitude de la méditation. Sur un médaillon qui décore un monument en ruine, à gauche, on lit : *Diue figu f p.,* suivis du monogramme.

2. *L'Homme de qualité.*

(2) Debout, sur une terrasse dominant un riche parterre, il se retourne à droite, où est un palais qu'il regarde.

3. *La Dame de qualité.*

(3) Les mains dans son manchon, elle se promène dans une allée de parterre, en regardant à droite, où se voit en partie un piédestal.

4. *Le Duel.*

(4) Deux hommes se battent à l'épée, au milieu du devant; celui à droite, qui est vu de face, porte une botte; l'autre, qui occupe la gauche, et vu par derrière, la pare.

5. *Le Porte-Drapeau.*

(5) Il est vu de face, au milieu de l'estampe. Des piques, des tambours, un casque, des cuirasses sont au bas de la gauche, à côté d'une construction qui se voit en partie.

6. *La Marchande de vieux habits.*

(6) Suivie de son chien, elle crie à droite, où l'on aperçoit l'angle d'une habitation.

7. *Le Départ pour la chasse.*

(7) Un chasseur, le fusil sur l'épaule et tenant son chien en laisse, est debout au milieu du devant. Il se retourne à droite, écoutant ce que semble lui dire un personnage penché sur le perron d'une auberge.

8. *Le Promeneur.*

(8) Enveloppé dans son manteau, et regardant deux chiens qui se battent à gauche, il semble se diriger du côté opposé.

9. *Le Pécheur*.

(9) Une pièce d'eau baigne le devant du sujet. Au delà, vers le milieu, un homme, nu-tête, assis sur les restes d'un monument, regarde à droite, où il a jeté sa ligne.

10. *Le Puits*.

(10) Un puits, qu'environnent une auge et un baquet, se voit au milieu du devant. Un jeune homme, nu-tête et nu-jambes, en tire de l'eau; ce que regarde une jeune fille accoudée sur la margelle.

11. *Les Ramoneurs*.

(11) Deux ramoneurs sont debout, au milieu de l'estampe; l'un regardant de face, et l'autre à gauche.

12. *Le Batelier*.

(12) Une barque est vue sur les flots, en travers de l'estampe, ornée d'une couronne à l'avant, et, à l'arrière, d'un grand drapeau. L'homme qui la monte la dirige à gauche, en regardant du côté opposé.

—

MORCEAUX D'APRÈS *LA BELLE*.

Figures avec préceptes de manége.

13 à 31. Suite de 19 pièces chiffrées au bas de la droite.

Les deux premières sont en contre-partie des originaux, et les autres sont dans le même sens que les originaux.

Hauteur : 3 po. à 3 po. 3 l. Largeur : 2 po. 5 à 8 l.

13.

(Copie du 17ᵉ morceau du nᵒ 168 de l'œuvre de La Belle) (1).

(1) Neuf études de têtes de chevaux, dont la der-
nière, au bas de la gauche, n'est qu'au trait.

Au bas :   *Si le Cheval na peu de teste*
           ce n'est pas vne noble beste.

14.

(Copie du 16ᵉ morceau du même numéro.)

(2) Quatre têtes de chevaux ; trois sont de profil,
et l'autre, de face, vue jusqu'au poitrail.

Au bas :   *L'on peut voir par cette figure*
           comme en doit estre l'Encoleure.

15.

(Copie du 17ᵉ morceau du nᵒ 86 de l'œuvre.)

(3) Jument qui donne à téter à son poulain : elle
est tournée à gauche.

Au bas :   *Souuent ainsi le poulain tette*
           ce qui met a gauche sa teste.

16.

(Copie du 18ᵉ morceau du même numéro.)

(4) Combat de plusieurs chevaux. Trois sont sur
le premier plan ; deux sont tombés, l'autre les rue
et se dirige au fond de la droite.

Au bas :   *Ce Cheual qui rüe et qui crie*
           n'est Jamais plus beau qu'en furie.

17.

(Copie du 1ᵉʳ morceau du même numéro.)

(5) Un cheval, garni de sa couverture, est tenu

---

(1) Voyez l'*Essai d'un Catalogue de l'œuvre* d'Etienne de La Belle,
par Jombert. 1 vol. in-8. Paris, 1772.

par un palefrenier, à l'entrée d'une écurie. Sur la muraille, à droite : *Diuerses Figures et Maneiges de Cheuaux Grauées par le Marquis de Sourches.*

Au bas :   *ce beau cheual ne sçauroit plaire*
s'il n'est en estat de bien faire.

18.

(Copie du 4ᵉ morceau du même numéro.)

(6) Un cavalier vu de face ; troupe de cavaliers dans le lointain.

Au bas :   *faut q'un cheual s'il est possible*
soit comme ce Danois paisible.

19.

(Copie du 5ᵉ morceau du même numéro.)

(7) Cavalier allant au pas, à gauche. Le lointain est animé de deux autres cavaliers se battant au pistolet.

Au bas :   *ce merveilleux Cheual d'espagne*
va bien le pas a la Campagne.

20.

(Copie du 12ᵉ morceau du même numéro.)

(8) Mousquetaire à cheval, courant à gauche ; d'autres, dans le lointain, courent dans la même direction.

Au bas :   *Ce turc ne peut s'estimer trop*
d'aller sans ardeur le galop.

21.

(Copie du 11ᵉ morceau du même numéro.)

(9) Cavalier, l'épée à la main, courant au grand galop, à droite. Le lointain offre une chasse au cerf.

Au bas :   *Ce cheual est de bonne race*
Et des plus vistes pour la chasse.

22.

(Copie du 9ᵉ morceau du même numéro.)

(10) Cavalier tourné à droite, et faisant cabrioler son cheval. Des jardins sont dans le lointain. Sur la terrasse, à gauche : *Sourches. fec.*

Au bas : *ce Romain entre deux molettes*
  rabat Justement des courbettes.

23.

(Copie du 14ᵉ morceau du même numéro.)

(11) Cavalier courant en avant, un bâton à la main ; d'autres cavaliers sont dans le lointain.

Au bas : *Ce norman va bien terre a terre*
  Et fait bon maneige de guerre.

24.

(Copie du 8ᵉ morceau du même numéro.)

(12) Cavalier tournant le dos, et faisant cabrioler son cheval. Dans le lointain, à gauche, un cavalier fait la voltige ; et, à droite, un autre galope.

Au bas : *Ces Bretons des mieux en Ecole*
  font balotade, et capriole.

25.

(Copie du 13ᵉ morceau du même numéro.)

(13) Commandant à cheval, donnant ses ordres et se dirigeant à droite. Plusieurs cavaliers sont dans le lointain, et deux font le coup de pistolet.

Au bas : *Sans crainte aux combats lon se porte*
  sur vn barbe de cette sorte.

26.

(Copie du 10ᵉ morceau du même numéro.)

(14) Cuirassier sur son cheval, dirigé à gauche,

et tenant sa lance haute. Plusieurs cavaliers sont dans le lointain.

Au bas : *Ce grand roussin a croupe large*
paroit fier de sa noble charge.

27.

(Copie du 2ᵉ morceau du même numéro.)

(15) Trompette à cheval, jouant de son instrument, et dirigé à droite. Une troupe de cavaliers est dans le lointain.

Au bas : *Il faut q'un cheual soit reduit*
a ne craindre Jamais le bruit.

28.

(Copie du 3ᵉ morceau du même numéro.)

(16) Deux tambours de mousquetaires sont à cheval, se dirigeant au fond de la droite. La colonne dont ils semblent faire partie se voit dans le lointain.

Au bas : *J'ayme a la guerre vn cheual sourd*
pour la trompette et le tambour.

29.

(Copie du 15ᵒ morceau du même numéro.)

(17) Cavalier, avec sa dame en croupe, venant en face. Un fantassin et d'autres cavaliers s'aperçoivent dans le lointain.

Au bas : *ce Limosin auec Adresse*
porte son maistre et sa maistresse.

30.

(Copie du 7ᵉ morceau du même numéro.)

(18) Cavalier allant au pas à droite. Un autre cavalier et un fantassin sont dans le lointain.

Au bas :   *Auec tel flanc et tel corsage*
vn roussin fera bien voiage.

31.

(Copie du 19e morceau du même numéro.)

(19) Deux équarrisseurs écorchent un cheval, les quatre fers en l'air, la tête à droite.

Au bas :   *alors qu'il a fini son sort*
Il sert encor apres sa mort.

JEAN MORIN.

Né à Paris, au commencement du dix-septième siècle, où il mourut vers 1666, et élève, dit-on, de Philippe de Champagne, Jean Morin peignit peu, et s'adonna de préférence à la gravure à la pointe, qu'il mania dans le goût d'Antoine Van-Dyck, dont les productions à l'eau-forte étonnèrent et ravirent le monde artiste, à l'époque des débuts de notre jeune compatriote; même mode, en effet, de points dans les chairs, dans les tailles des draperies et dans les fonds. Mais ce qui, chez l'inventeur, fut signe de talent et de puissance, dégénéra souvent dans la manière chez l'imitateur.

De même que notre artiste imita Van-Dyck, dans l'histoire et le portrait, de même aussi il rechercha, dans le paysage, le goût de la pointe de Mathieu de Plattemontagne.

A son tour, il fit des imitateurs, et, pour ne parler que de ses contemporains, Boulanger, Alix, Ertinger et Nicolas de Plattemontagne marchèrent sur ses traces, mais avec une grande infériorité de talent.

Son œuvre est composée de cent huit planches, dont le ton harmonieux et la touche fine et expressive dénotent l'homme de goût et même de génie.

Selon M. de Heinecken, qui a ignoré beaucoup des pièces de notre Catalogue, Morin aurait encore

gravé : 1° *Saint Augustin, figure assise;* 2° *Cartouche servant de frontispice à la Paraphrase des
Psaumes de David,* 1649; 3° le *Portrait de Voi-
ture;* 4° un *Portrait d'Anne d'Autriche,* indépendamment des deux que nous décrivons; mais nous
n'avons jamais vu aucun de ces quatre morceaux;
5° *Ermite méditant sur la croix,* pièce que nous
croyons être notre n° 8, d'après les dimensions qu'en
donnent MM. Huber et Rost; 6° le *Portrait du Conseiller de Netz.* La qualité du personnage aura induit
notre calcographe en erreur; car nous n'avons jamais rencontré que celui de l'Évêque d'Orléans
(notre n° 70), qu'il cite pourtant, lequel porte aussi
le titre de *Conseiller du Roi,* cause probable de
l'erreur; 7° et le *Portrait d'Adamar Talaur,* lequel
n'est autre que celui d'Omer Talon (notre n° 74),
dont les noms, en latin, *Audomarus Talæus,* auront été mal traduits.

MM. Huber et Rost, qui ne parlent pas des n°s 2,
4, 6 et 7 ci-dessus, citent encore, comme ayant été
gravée par notre artiste, *la Tête de St Vincent qu'on
voit à St-Germain-l'Auxerrois,* et qui, selon eux,
représente Morin même; mais nous n'avons pu
rencontrer ce morceau.

Le Père Lelong, dans la table de sa *Bibliothèque
historique de France,* indique comme étant pareillement de Morin : 1° le *Portrait de François Ier.* Ce
morceau, d'un faire analogue à celui de Morin,
porte son adresse, mais il a été gravé par N. de
Plattemontagne, dont il porte le nom; 2° le *Portrait
de Marie de Médicis.* Cette pièce porte l'adresse de

notre artiste; mais comme il ne porte pas de nom de graveur, nous le rangeons dans les morceaux douteux, bien qu'il nous semble d'un faire identique à celui de *François Ier*; 3° les portraits de *de Gondy (Jean-François-Paul* et de *Jean-François*). Nous croyons que Morin n'a jamais gravé que celui de Jean-François-Paul, notre n° 54, auquel nous restituons ses véritables prénoms, l'artiste ne lui ayant donné que ceux de Jean-François; 4° le *Portrait de Potier de Gesvres (Louis)*; mais comme le Père Lelong ne parle pas de notre n° 53, qui porte le prénom de *François*, nous pensons qu'il a fait erreur; 5° le *Portrait* de *de Thou (Nicolas)*, morceau que nous n'avons jamais rencontré.

Mais cet écrivain qui, dans la matière qui nous occupe, ne doit être consulté qu'avec précaution, paraît avoir ignoré l'existence des portraits ci-après, indépendamment des n°⁸ 43, 45, 46, 51, 52, 61, 62 et 71, qui sortaient de sa catégorie, savoir nos n°⁸ 40, 41, 56, 84, qui, tous quatre pourtant, ont été gravés par notre artiste.

Enfin, M. Bénard (Cabinet Paignon-Dijonval) attribue à Morin un portrait de Christophe Ozanne. Ce paysan, espèce de médecin empirique, qui fut à la mode vers 1696, n'a pu être gravé par Morin, qui, depuis plus de trente ans, avait cessé de vivre.

Indépendamment des différens états, signalés par nous, des planches des portraits, il nous reste à dire que plusieurs de ces planches, comme, par exemple, nos n°⁸ 41, 45, 48, 66, 68, 72, 82, 85, etc., ont été privées de leurs bordures et accessoires, et réduites

à des dimensions ovales qui n'excèdent que de peu
la tête des personnages, et imprimées dans des
passe–partout portant des inscriptions nouvelles.
Quelques uns de ces portraits, ainsi mutilés, sont
avec l'adresse de *Bligny*; d'autres n'en ont pas.

OEUVRE

DE

JEAN MORIN.

I. SUJETS DE LA BIBLE ET DE DÉVOTION.

MORCEAUX D'APRÈS SES COMPOSITIONS.

Vignettes décorant un livre de Prières.

SUITE DE SEPT PIÈCES NON CHIFFRÉES.

Hauteur : 4 po. à 4 po. 5 l. Largeur : 2 po. 2 l. à 2 po. 7 l.

1. *Frontispice.*

(1) Décoration d'autel, au dessus duquel plane le Saint-Esprit. Aux deux côtés sont, debout, Jésus-Christ et la Vierge, qui prient. Dans un médaillon intermédiaire, on lit : *L'OFFICE DE L'EGLISE ET DE LA VIERGE EN LATIN ET EN FRANCOIS Auec les hymnes Traduites en. Vers;* et, plus bas : *A PARIS . 1650 . Chez la Veuue I. Camusat et Pierre le Petit Rue S.t Iacques.* Pièce sans marque.

2. *Nathan et David.*

(2) Le prophète Nathan, debout à droite, semble rapporter à David, assis sur son trône, du côté opposé, tout ce que Dieu lui avait dit.

Dans la marge : *Morin scul. Cum Priuil. Re.*

3. *L'Annonciation.*

(3) La sainte Vierge agenouillée, à gauche, se retourne du côté opposé, à l'apparition de l'ange qui lui montre le ciel, où plane le Saint-Esprit environné d'anges et de chérubins.

Au bas de la gauche : *Morin scul. Cum Priuil. Re.*

4. *La Nativité.*

(4) L'Enfant Jésus est couché dans la crèche, au milieu du devant, soutenu par sa sainte Mère, qui l'offre à l'adoration des bergers. Au haut, deux anges soutiennent une banderolle, sur laquelle on lit : *GLORIA IN EXCELSIS DEO.*

Sur la terrasse, à gauche : *Morin scul. Cum Priuil. Re.*

5. *La Madeleine au Calvaire.*

(5) Au pied de la croix, où Notre-Seigneur est attaché, se voit la Madeleine, agenouillée à gauche, qui embrasse les pieds du Rédempteur.

Sur la terrasse, à gauche : *Morin scul. Cum Priuil. Re.*

6. *La Résurrection.*

(6) Le tombeau se voit à gauche, et Jésus s'en élève radieux. Deux gardes sommeillent au bas, et un troisième, debout au fond, semble saisi d'étonnement.

7. *La Mission du Saint-Esprit.*

(7) Le Saint-Esprit descend sur les apôtres assemblés dans le cénacle, lesquels environnent la Vierge,

assise en avant de deux saintes femmes. Piéce sans marque.

8. *Le Solitaire.*

Un cénobite, dans le costume d'un apôtre, est assis au milieu du sujet, accoudé sur une pierre, tenant une plume à la main et contemplant le signe de la rédemption élevé à gauche. Pièce sans nom.

Dans la marge : LES PENSEES DV SOLITAIRE *sur les principaux mistères des dernières soufrances de Nostre sauueur Iesus Christ.*

Hauteur : 4 po. 6 l., y compris 5 l. de marge. Largeur : 2 po. 4 l.

9. *Jésus mort sur la croix.*

La croix, sur laquelle Notre-Seigneur est attaché, est élevée de face, au milieu de ce morceau, dont le fond est blanc.

Dans la marge : *Jesus Christ estant Riche*, etc.; et au dessous, à droite : *Morin excudit Cum Priuil. Re.*

Hauteur : 11 po. 8 l., y compris 8 l. de marge. Largeur : 7 po. 2 l.

10. *Méme sujet.*

Reproduction, par l'artiste, du morceau qui précède, dans le même sens, mais dans des proportions moins fortes.

Sur la terrasse on lit : *Morin scul Cum Priuil. Re.;* et dans la marge : & *Jnclinato Capite,* etc....

Hauteur : 5 po., y compris 1 l. de marge. Largeur : 3 po. 6 l.

11. *Sainte Julienne.*

Agenouillée au pied d'un autel, qui se voit à droite, la sainte a les mains jointes et porte ses regards sur une espèce de dais recélant le Saint-Sacrement, appendu au haut de l'autel. Pièce sans nom.

Dans la marge : *Confiteor tibi Pater*....; et au dessous : *Ste Julienne Vierge Religieuse de l'ordre de Cisteaux, à laquelle il fut diuinement reuelé lan 1246 . quon deuoit celebrer en l'Eglise la Solemnité du tres Sainct Sacrement de l'Autel.*

Hauteur : 16 po., y compris 11 l.? de marge. Largeur : 11 po. 7 l.

12. *Le Sacrifice d'Abraham.*

Sur le plateau d'une montagne richement boisée, on voit le Patriarche, debout, tenant le couteau du sacrifice, d'une main, et, de l'autre, son fils Isaac étendu sur l'autel. Tous deux, saisis d'étonnement, regardent au haut de la droite, où l'ange du Seigneur apparaît, semblant dire : *Abraham, ne touchez point à votre fils.* Le bélier se voit en partie dans un buisson, au bas. Composition dans une décoration d'architecture, et ne portant pas de nom.

Largeur : 8 po. 2 l. Hauteur : 6 po. 6 l.

13. *La Fuite en Égypte.*

Morceau traité dans le goût du précédent, et pareillement dans une décoration d'architecture, dans lequel on voit, vers la gauche, la sainte Vierge, assise sur l'âne, portant dans ses bras son divin fils, se dirigeant, accompagnée de saint Joseph, vers le fond, du même côté. Une pyramide se voit à droite, non loin d'un gros arbre. Pièce sans marque.

Largeur : 8 po. 6 l. Hauteur : 6 po. 6 l.

MORCEAUX D'APRÈS DIFFÉRENS MAITRES.

14. *La sainte Vierge.*

Assise à gauche, et tournée du côté opposé, en tenant des fleurs d'une main, la sainte Vierge soutient, de l'autre, son divin fils, qui lui sourit et lui offre une rose.

Dans la marge : *Dilectus meus mihi....*; et plus bas, à gauche : *Raphael urbin pinx ;* et, à droite : *Iean Morin scul et excud auec priu Regis.* — *Belle pièce.*

Hauteur : 12 po. 7 l.? y compris 15 l.? de marge. Largeur : 8 po. 3 l.?

15. *La Vierge adorant l'Enfant Jésus.*

La sainte Vierge, agenouillée à gauche, se penche, les mains jointes, vers son divin fils, étendu devant elle, à droite, sur de la paille, et qui fait des efforts pour répondre à son amour.

Dans la marge : *Paruulus natus est nobis....;* et plus bas, à gauche : *Titien Pin. ;* et, à droite : *Morin scul. Cum Pri. Re.* — *Très belle pièce.*

Hauteur : 15 po. 11 l., y compris 9 l. de marge. Largeur : 11 po. 7 l.

16. *Notre-Seigneur à la colonne.*

Jésus-Christ, en demi-figure, vu presque de face et nu, la tête ceinte de la couronne d'épines, est attaché à la colonne, dans le prétoire ; le sang ruisselle de toutes les parties de son corps.

Sur un appui, au bas : *Corpus meum....;* et au dessus : *Gorgon* (pour Giorgion). *Morin Scul. Cum Priuil. Regis.*

Hauteur : 16 po. 9 l.? Largeur : 12 po. 6 l.?

17. *La Vierge de Douleur.*

Assise à la gauche du fond, dans l'intérieur du sépulcre, la sainte Vierge contemple avec douleur le corps mort du Sauveur, étendu en travers de la composition, et dont la partie antérieure repose sur l'un des genoux de la Vierge.

Dans la marge : *Totus Figatur vobis....;* et plus bas, à gauche : *Anibal Carachius Pin.;* et, à droite : *Morin scul. Cum Pri. Re. — Très belle pièce.*

Largeur : 13 po. Hauteur : 11 po. 8 l., y compris 14 l. de marge.

18. *L'Adoration des Bergers.*

L'Enfant Jésus est couché dans la crèche, à droite, ayant près de lui sa sainte mère, agenouillée, qui lève le voile qui le recouvrait, pour offrir le Sauveur à l'adoration des bergers, qui se voient aux deux côtés, dans diverses attitudes. Au haut de la gauche, deux anges tiennent une banderolle, sur laquelle on lit : GLORIA IN EXCELSIS DEO : ET IN TERRA PAX HOMINIBVS BONÆ VOLONTATIS.

Dans la marge : *Sic Deus dilexit mundum....;* et plus bas, à gauche : *Ph. Champaigne pinx;* et, à droite : *J. Morin scul. cum priu. Regis.*

Hauteur : 17 po. 3 l., y compris 21 l. de marge. Largeur : 10 po. 6 l.

19. *La sainte Vierge.*

Vue à mi-corps, à gauche, et tournée du côté opposé, la sainte Vierge tient sur ses bras son divin fils, qui s'appuie de ses deux mains sur le sein de sa mère.

Dans la marge : *Dilectus meus inter Vbera....;* et plus bas, à gauche : *Ph. Champaigne pinx ;* et, à droite : *I Morin scul cum priu Regis.*

Hauteur : 11 po. 6 l., y compris 9 l. de marge. Largeur : 9 po. 1 l.

20. *L'Ecce Homo.*

Notre-Seigneur, vu de face, à mi-corps, la tête ceinte de la couronne d'épines, est garrotté et tient un roseau. Il lève les yeux au ciel.

Sur une pierre, au bas : *Ecce Homo ;* et plus bas, à gauche : *Champaigne Pin ;* et, à droite : *Morin scul.*

Hauteur : 16 po. 9 l. Largeur : 12 po. 8 l.

On connaît deux états de cette planche :
I. Avant le nom de Morin.
II. C'est celui décrit.

21. *Jésus en croix.*

Dans ce morceau, gravé sur trois planches qui se réunissent en se superposant, on voit Notre-Seigneur élevé sur l'arbre de la croix. La ville de Jérusalem est vue en perspective dans le fond.

Sur la terrasse, à gauche : *P. Champaigne Pin ;* et, vers le milieu : *Morin scul. Cum Priuil. Re.*

Dans la marge, vingt-deux vers, en trois colonnes :

Grand Dieu, etc. ; et, au dessous, l'adresse de Morin.

Hauteur des trois morceaux : 40 po. 6 l., y compris 3 po. 8 l. de marge, et en négligeant celle du 2ᵉ morceau sur laquélle on lit : *NEMO TOLLIT*...... Largeur : 23 po. 1 l.

22. *Même sujet.*

Reproduction, en contre-partie, du morceau qui précède.

Au milieu du bas : *Morin ex Cum Priu Re.*

Hauteur : 7 po. 5 l. Largeur : 6 po. 10 l.

23. *La sainte Face.*

Le chef de Notre-Seigneur, ceint de la couronne d'épines qui en fait ruisseler le sang, est vu de face, où il regarde.

Dans la marge : *Non est species....*; et, au dessous : *P. Champaigne Pin . I. Morin scul. cum Priu. Re. Ce Vendent A Paris Chez ledit Morin au Fauxbourg Sᵗ. Germain rue du vieux Colombier.*

Hauteur : 15 po. 11 l., y compris 16 l. de marge. Largeur : 11 po. 9 l.

On connaît deux états de cette planche :
I. La marge n'est pas teintée.
II. La marge est teintée.

24. *Même sujet.*

Reproduction du morceau qui précède.

On lit, au dessous de : *Non est species*, etc. : *Morin ex. Cum Priu. Re.*

Hauteur : 5 po. 7 l., y compris 8 l. de marge. Largeur : 3 po. 6 l.

25. *Jésus-Christ.*

Notre-Seigneur, la tête entourée d'une auréole, est vu en buste, légèrement tourné à droite, et regardant de face.

Dans la marge : *Hic est....;* et plus bas, à droite : *Champaigne Pin . Morin scul.;* et, à droite : *Herman Weyen ex. Cum Priu. Re.*

Hauteur : 15 po. 10 l.? y compris 14 l.? de marge. Largeur : 11 po. 6 l.?

26. *La Vierge.*

La sainte Vierge, en proie à la plus vive douleur, est vue en demi-figure, presque de face, les mains jointes, et regardant à gauche.

Dans la marge, à gauche : *Champaigne Pin.;* et, à droite : *Morin scul. Cum. Pri. Re.*

Hauteur : 17 po. 5 l., y compris 4 l. de marge. Largeur : 12 po. 7 l.

27. *Saint Pierre.*

L'Apôtre bien-aimé est vu de trois quarts, à mi-corps, tourné à droite, où il regarde, tenant d'une main les clefs du Paradis, et faisant une indication de l'autre.

Sur un appui, qui traverse le bas de la composition, on lit, au milieu : *S. Petrus;* à gauche : *Champaigne Pin;* et, à droite : *Morin scul. Cum Priuil. Re.*

Hauteur : 15 po. 10 l. Largeur : 11 p. 7 l.

28. *Saint Paul.*

Saint Paul est également vu à mi-corps, mais

tourné à gauche, où il regarde, s'appuyant, d'une main, sur un livre derrière lequel passe le pommeau de son épée, et montrant le ciel de l'autre.

Sur un appui, qui traverse le bas de la composition, on lit, au milieu : *S. Paulus.*; à gauche : *Champaigne Pin.*; et, à droite : *Morin scul. Cum Priu. Re.*

Même dimension.

29. *La Vierge transportée au ciel.*

Sujet de plafond, dans lequel la sainte Vierge, vue de face, est transportée au ciel par un groupe d'anges, tandis que d'autres anges et des chérubins animent l'espace. Composition dans une bordure ronde dont les angles sont teintés.

Dans les angles du bas : *Ph. Champaigne pinx I Morin scul. cum priu. Reg.*

Hauteur : 12 po. 10 l. Largeur : 12 po. 9 l.

30. *Saint Bernard.*

Il est vu en demi-figure, tourné à droite, où il regarde, la tête ceinte de l'auréole, et tenant sa crosse.

Dans la marge : *S. Bernardus Doctor Ecclesiæ, dei et divinæ Traditionis Discipulus.*

Hauteur : 3 po. 9 l., y compris 8 l. de marge. Largeur : 1 po. 11 l.

31. *Saint Jérôme.*

Morceau traité dans le goût d'Albert Flamen, et qui pourrait bien avoir été gravé par lui, dans lequel on voit saint Jérôme, assis dans une grotte, écrivant sur une table placée à droite, et sur laquelle est un crucifix : son lion s'aperçoit à l'entrée de la grotte, à gauche.

Sur la terrasse : *Champagne pinx . Morin fecit. P. Mariette excud.;* et, au milieu de la marge : SANTE HERONIME.

Hauteur : 9 po. 11 l., y compris 10 l. de marge. Largeur : 8 po. 1 l.

On connaît trois états de cette planche :
I. Avant toutes lettres.
II. Avec le nom du saint. On lit, d'ailleurs, dans la marge, à droite, en deux lignes : *Mauperché escud Auec. preuille. du Roy.*
III. C'est celui décrit ; la marge réduite à 4 l. de haut.

32. *Le petit saint Bernard.*

Le Saint-Esprit apparaît au haut de la gauche, et éclaire d'un rayon un grand livre soutenu par deux anges, ouvert sur les œuvres des Pères de l'Église, posées sur des nuages au haut de la droite. Ce livre reflète le rayon sur le saint personnage, assis à gauche, tenant sa plume d'une main, et posant l'autre sur sa poitrine, en avant d'une table où un volume est ouvert, et sur laquelle se voit aussi un crucifix.

Sur la traverse du bas de la table : *Champaigne Pin.;* et, dans la marge : *S. BERNARDVS..... Morin scul. cù. Pr. Re.*

Hauteur : 8 p. 9 l., y compris 2 l. de marge. Largeur : 6 po. 2 l.

33. *Le grand saint Bernard.*

Assis à gauche, en face d'une table où sont un crucifix et des livres, saint Bernard tient sa plume d'une main, et pose l'autre sur sa poitrine, éclairé qu'il est par des rayons venus du haut de la droite.

Dans la marge : *S. Bernardus Doctor Ecclesiæ…;* et plus bas, à gauche : *Champagne Pin;* et à droite : *Morin ex. Cùm Pri. Re.*

Hauteur : 16 po. 3 l., y compris 7 l. de marge. Largeur : 11 po. 9 l.

34. *Saint Jérôme.*

Dans l'intérieur d'une grotte, agenouillé en face d'une grande pierre où se voient une tête de mort et des livres, saint Jérôme tient d'une main un grand livre ouvert, et se mortifie, de l'autre, en portant son attention au haut de la droite, où une trompette paraît sonner.

Dans la marge, une inscription que nous n'avons pu lire, ayant été couverte d'un cache-lettre à l'impression ; et au dessous, à gauche : *L. De La Hyre Jn et pinx,* comme nous le rapportons n° 4.

Hauteur : 12 po. 5 l., y compris 8 l. de marge. Largeur : 8 po. 11 l.

II. SUJETS EMBLÉMATIQUES ET DE FANTAISIE.

MORCEAUX D'APRÈS SES PROPRES COMPOSITIONS.

35. *Chœur d'Église.*

Vue de partie du chœur d'une église, offrant la perspective d'un autel érigé entre quatre piliers fixés au haut par des tringles, et qui sont surmontés par des anges tenant les instrumens de la Passion. Pièce sans marque.

Largeur : 8 po. 3 l.? Hauteur : 7 po. 6 l.

36. *Cartouche de l'Almanach de 1650.*

Décoration d'architecture rustique, en forme d'arcade, dont les pieds-droits sont formés de deux Faunes en cariathides. Sous cette arcade s'élève une autre décoration, terminée au haut par un médaillon où est représenté un singe se servant d'un chat pour tirer les marrons d'un foyer, et terminée, au bas, par un espace vide, où est imprimé l'Almanach de l'année 1650.

Sur le fronton de l'arcade :

Toy qui de ce magot Vois la Ruse soudaine
Qui des griffes du Chat scait tirer les marrons
Garde Toy de seruir d'Instrument aux Larrons
Qui recueillent le fruit, et te laissent la peine.

Et au dessous de l'Almanach, à gauche : *Morin Scul. cum Priuil. Regis.*

Largeur : 13 po.? Hauteur : 11 po. 5 l.?

———

MORCEAUX D'APRÈS DIFFÉRENS MAITRES.

37. *Groupe de deux Anges.*

Deux anges s'élèvent, en plafonnant, au milieu de l'estampe, en dirigeant leurs regards au haut de la droite. L'un a les mains posées sur sa poitrine, et l'autre tient de la main droite une palme, et de l'autre une couronne.

Au bas : *P. Champaigne pinx I Morin scul. et excud. cum priu. Regis.*

Hauteur : 8 po. 3 l. Largeur : 6 po. 3 l.

38. *Le Pendant.*

Deux anges plafonnent aussi au milieu de l'estampe ; l'un regarde de face et tient une couronne ; l'autre, regardant à gauche, tient une palme.

Au bas : *Ph. Champaigne pinx I. Morin scul. et excud cum priu Regis.*

Même dimension.

39. *Téte de mort.*

Elle est posée de face, sur une table, où l'on voit, à gauche, une montre, et, de l'autre côté, deux roses dans une bouteille.

Dans la marge : *Quid terra ciuisque suberbis...;* et plus bas, à gauche : *P. Champaigne Pin ;* et, à droite : *Morin scul. Cum Priuil. Re.*

Hauteur : 11 po. 11 l., y compris 15 l. de marge. Largeur : 11 po. 8 l.

———◦———

III. PORTRAITS.

40. *Anne d'Autriche, reine régente de France.*

La mère de Louis XIV est vue de trois quarts, tournée à droite, regardant de face, en habits de veuve et cornette noire, dans une bordure octogone, sur laquelle on lit : *ANNE . D'AVSTRICHE . ROYNE . REGENTE . DE . FRANCE . ET . DE . NAVARRE . &.*

Dans les angles du bas : *Ph. Champigne pinx I Morin scul cum priu Regis.*

Hauteur : 10 po. 10 l. Largeur : 8 po. 7 l.

41. *La même Reine.*

Anne d'Autriche, en deuil de cour, est vue de

trois quarts, tournée à gauche et regardant de face, dans une bordure semblable à la précédente et portant la même inscription.

Dans les angles du bas : *Ph Champaigne pinx I Morin scul et excu cum priu R.*

Hauteur : 10 p. 11 l. Largeur : 8 po. 8 l.

42. *Arnauld-d'Andilly (Robert).*

Cet homme célèbre, qui devint l'un des soutiens de Port-Royal, est représenté légèrement tourné à droite et vu de face, où il regarde, dans un octogone, sur la bordure duquel on lit : *ROBERT . ARNAVLD . SEIG^R D'ANDILLI . CON^{ER} DV ROY . EN . SES . CONS^{LS} D'ESTAT . ET . PRIVE.*

Dans les angles du bas : *Ph Champaigne pinx I Morin scul cum priu Reg.*

Hauteur : 10 po. 11 l. Largeur : 8 po. 8 l.

43. *Bentivoglio (Guido), cardinal.*

Homme de lettres et homme d'État, cet illustre personnage, qui fut nonce en France, sous le règne de Louis XIII, est représenté le corps vu presque de face, et la tête tournée à droite, dans une bordure octogone, sur laquelle on lit : *GVIDO . BENTI- VOLUS . S . R . E . CARDINALIS . OBIIT . ANNO . M . DC . XLV.*

Dans les angles du bas : *Antoine van Dyck pinx an 1623. I Morin scul cum priu Reg. — Belle pièce.*

Hauteur : 10 po. 9 l. Largeur : 8 po. 8 l.

44. *Berthier (Pierre), évêque de Montauban.*

Fils d'un président au parlement de Toulouse. Il est représenté vu de trois quarts, dirigé à gauche, regardant de face et décoré de la croix pastorale, dans une bordure carrée ne portant aucune inscription.

Dans la marge, à gauche : *Ph. Champagne pinxit,* et à droite : *J. Morin sculpsit.*

Hauteur : 11 po. 4 l., y compris 3 l. de marge. Largeur : 8 po. 8 l.

On connaît deux états de cette planche :
I. Avant la lettre.
II. C'est celui décrit.

45. *Borromée (saint Charles).*

Ce saint personnage, qui fut cardinal et archevêque de Milan, est représenté vu de profil et tourné à gauche, dans une bordure octogone, sur laquelle on lit : *S. CAROLVS. CARDINALIS. BORROMÆVS. ARCHIEP. MEDIOLANEN. NATVS. 1538. OBIIT. 1584.*

Dans les angles du bas : *Ph Champaigne pinx I Morin scul cum priu Reg.*

Hauteur : 10 po. 10 l. Largeur : 8 po. 9 l.

46. *Le même Saint.*

Autre portrait de saint Charles Borromée, vu de profil, dirigé à droite, dans une bordure ovale ne portant point d'inscription.

Dans l'angle bas de la gauche : *Champagne Pi. Morin scul.*

Hauteur : 11 po. 4 l. Largeur : 8 po. 9 l.

On connaît deux états de cette planche :
I. Avant la lettre.
II. C'est celui décrit.

47. *Bourbon-Conti (Armand de).*

Il est représenté en abbé, décoré de la croix pectorale, tourné à gauche et regardant de face, dans une bordure ovale posée sur un socle, au milieu duquel est un monogramme couronné, formé des lettres A B, entouré de deux palmes.

Dans la marge, à droite : *Juste p. Morin f.*

Hauteur : 13 po. 2 l., y compris 2 l. de marge. Largeur : 9 po. 2 l.

On connaît deux états de cette planche :
I. Avant les noms du peintre et du graveur.
II. C'est celui décrit.

48. *Brachet de la Milletière (Théophile).*

Cet homme emporté et opiniâtre, qui fut enragé calviniste, puis catholique intolérant, est représenté vu de trois quarts, tourné à droite, et regardant du côté opposé, dans une bordure octogone, sur laquelle on lit : *THEOPHILE . BRACHET . S^R DE . LA . MILLETIERE . CON^{ER} DV . ROY . EN . SES . CON^{LS} D'ESTAT . ET . PRIVE.*

Dans les angles du bas : *Ph. Champaigne pinx I Morin scul cum priu Regis.*

Hauteur : 10 p. 11 l. Largeur : 8 po. 9 l.

49. *Camus (Jean-Pierre), évêque de Bellay.*

L'ami de saint François de Sales, l'auteur d'une

foule de bons mots satiriques, le pieux et ardent évêque de Bellay, qui refusa les évêchés d'Arras et d'Amiens, et préféra de mourir à l'hospice des Incurables de Paris, est représenté vu presque de face, où il regarde, et décoré de la croix pastorale, dans une bordure octogone, sur laquelle on lit : *ILLVSTRISSIMO . ECCLESIÆ . PRINCIPI. IOANNI . PETRO . CAMVS . EPISCOPO . DÉ. BELLEY.*

Dans les angles du bas : *Ph. Champaigne pinx I Morin scul cum priu Regis.*

Hauteur : 10 po. 11 l. Largeur : 8 pó. 81.

50. *Choiseul du Plessis-Praslin (Gilbert de), évêque de Comminges.*

Ce prélat, digne des premiers siècles de l'Église, est représenté vu presque de face, où il regarde, tourné à gauche, et décoré de la croix pastorale, dans une bordure octogone, sur laquelle on lit : *GIL-BERTVS . DE . CHOISEVL . CONSILIARIVS. REGIS . IN EIVS . CONSILIIS . ET . EPISCO-PVS . COMINGENSIS.*

Dans les angles du bas : *Ph Champaigne pinx I Morin scul cum priu Regis.*

Hauteur : 10 po. 11 l. Largeur : 8 po. 10 l.

On connaît deux états de cette planche :
I. C'est celui décrit.
II. La lettre grattée.

51. *Chrystin (N.)* (1).

Fils du plénipotentiaire du roi d'Espagne à la paix de Vervins, ce personnage, aux cheveux courts et frisés, portant moustaches et barbe peu fournie, est enveloppé dans son manteau. Vu de trois quarts et tourné à droite, il regarde de face, dans une bordure octogone, sans inscription.

Dans les angles du bas : *Antoine van dyck pinx I Morin scul cum priu Regis.* — *Belle pièce.*

Hauteur : 10 po. 10 l. Largeur : 8 po. 8 l.

52. *Franck (Jérôme), peintre.*

Cet artiste est représenté en cheveux courts et frisés, portant moustaches et barbe peu fournie. Son manteau est jeté sur un justaucorps boutonné, dont le col est surmonté d'une fraise. Il est vu de trois quarts, dirigé à gauche et regardant de face, dans une bordure octogone, sans inscription, posée sur un appui où est écrit : *Hierosme Francque Peintre du Roy;* et plus bas, à gauche : *Francque Pin.;* et, à droite : *Morin scul.*

Hauteur : 11 po. 4 l. Largeur : 7 po. 11 l.

On connaît deux états de cette planche :
I. Avant la lettre; les angles sont aigus.
II. Avec la lettre; c'est celui décrit; les angles sont arrondis.

---

(1) Huber et Rost, et le catalogue Rigal, ont pris ce portrait pour celui de *Charles de Mallery.* Cet artiste, qui a été gravé par Lucas Vorsterman, dans la suite de Van-Dyck, ne ressemblait point à ce portrait que les chalcographes antérieurs, et même Regnault de Lalande, dans le catalogue Silvestre, avaient dit être celui de *Chrystin,*

53. *Gesvres (François Potier, marquis de).*

Il est représenté cuirassé, vu de trois quarts, tourné à droite et regardant de face, dans une bordure octogone, sur laquelle on lit : *FRANCOIS. POTIE . MARQVIS . DE . GESVRES . ET . MARESCHAL . DE . CAMP.*

Dans les angles du bas : *P. Champaigne pinx. I Morin scul cum priu Regis.*

Hauteur : 10 po. 9 l. Largeur : 8 po. 8 l.

54. *Gondy (Jean-François-Paul de), coadjuteur de Paris.*

Plus connu sous le titre de cardinal de Retz, ce personnage est vu de trois quarts, tourné à droite, regardant de face, et décoré de la croix pastorale, dans une bordure octogone, sur laquelle on lit : *ILLVSTRISSIMVS . IOAN . PAVL . DE . GONDY . ARCH . CORINT . COAD . PARISIENSIS . &.*

Dans les angles du bas : *Ph Champaigne pinx I Morin scul cum priu Regis.*

Hauteur : 10 po. 10 l. Largeur : 8 po. 8 l.

55. *Grimberghe (Honorine), comtesse de Bossu.*

Fille de Geoffroy, comte de Grimberghe, elle épousa Albert-Maximilien de Hennin, comte de Bossu, après le décès duquel elle passa pour avoir épousé secrètement Henri de Lorraine, duc de Guise, petit-fils du *Balafré.* Elle est vue de trois quarts,

____

banquier à *Anvers*, comme le porte en écriture ancienne une épreuve conservée à la Bibliothèque royale de Paris.

tournée à droite et regardant de face, dans une bordure octogone, sur laquelle on lit : *HONORINE. DE . GRIMBERGHE . COMTESSE . DE . BOSSV . ETC.*

Dans le coin bas de la droite : *I Morin scul cum priu Reg.*

Hauteur : 10 po. 10 l. Largeur : 8 po. 7 l.

56. *La même Dame.*

Dans un âge plus avancé. Elle est vue presque de face, où elle regarde, légèrement tournée à droite, dans une bordure octogone, sans inscription.

Dans les angles du bas : *Ant van Dyck pinx I Morin scul cum priu Reg.*

Même dimension.

On connaît deux états de cette planche :

I. C'est celui décrit.

II. Le nom du peintre est effacé.

57. *Guise (Henri de Lorraine, duc de), comte d'Eu.*

Ce petit-fils du *Balafré* est représenté vu de trois quarts, dirigé à gauche et regardant de face. Ses cheveux bouclés tombent sur ses épaules. Une fraise enrichie de dentelle et une écharpe blanche, passant sur son épaule droite, laissent voir la cuirasse dont il est armé. Dans une bordure octogone, sur la plate-bande de laquelle on lit : *HENRY.DE.LORAINE. DVC.DE.GVISE.PAIR.DE.FRANCE.ET. COMTE.D'EV,* &c.

Dans les angles du bas : *I. Citermans pinx . I Morin scul. Cum priu Regis.*

Hauteur : 10 po. 10 l. Largeur : 8 po. 8 l.

58. *Harcourt (Henri de Lorraine, comte d'),*
grand-écuyer de France.

Vu presque de face, où il regarde, ce personnage, légèrement tourné à droite, est armé d'une cuirasse que recouvre en partie l'écharpe blanche dont il est ceint, et au travers de laquelle on aperçoit l'ordre du Saint-Esprit. Sa chevelure est frisée; il porte moustaches, et une perle en poire pend à son oreille droite et tombe sur la fraise de dentelle qui se voit au haut de son armure. Ce portrait est dans une bordure octogone, sur laquelle on lit : *HENRI DE . LORRAINE . COMTE . D'HARCOVRT , GRAND . ESCVYER . DE . FRANCE.*

Dans les angles du bas : *Ph Champaigne pinx I Morin scul cum priu Regis.*

Hauteur : 11 po. Largeur : 8 po. 10 l.

59. *Henri II, roi de France.*

Le fils de François Ier est vu de trois quarts, tourné à droite, et regardant de face, la tête couverte d'une toque avec plume, dans une bordure octogone posée sur un appui de marbre, sur lequel on lit : *Henry second Roy de France;* et plus bas, à gauche : *Janet Pin;* et, à droite : *Morin scul. Cum Priuil.*

Hauteur : 11 po. 4 l. Largeur : 7 p. 9 l.

60. *Henri IV, roi de France.*

Il est vu presque de face, où il regarde, tête nue, armé d'une cuirasse, sur laquelle passe l'écharpe blanche, qui recouvre en partie l'ordre du Saint-Esprit décorant sa poitrine; dans une bordure oc-

togone posée sur un appui de marbre, où est écrit :
Henri IIII Roy de France et de Navarre; et plus
bas, à gauche : *Ferdinand Pin.*, et à droite : *Morin scul.*

Hauteur : 11 po. 6 l. Largeur : 7 po. 11 l.

61. *Jansenius (Corneille), évêque d'Ypres.*

Ce prélat célèbre est vu de profil, tourné à droite,
où il regarde, dans une bordure octogone, sur la-
quelle on lit : *CORN . IANSSENIVS . EPISC.
IPRENSIS. ET . IN . ACAD . LOVAN . STEOL.
DOCT . PROFES . REGIVS . ÆT . LIII.
IN VERITATE ET CHA-
RITATE.*

Dans l'angle bas de la droite : *I Morin scul cum
priu Reg.*

Et dans la marge : *Ce vendent A Paris Chez ledit Morin au fauxbourg St Germain rue du vieux
colombier.*

Hauteur : 11 po., y compris 2 l. de marge. Largeur :
8 po. 7 l.

On connaît deux états de cette planche :

I. C'est celui décrit.

II. A la suite de l'inscription de la marge, on lit : *Et
Pr. chez Basset rue S. Jacques.*

62. *Lemon (Marguerite).*

La maîtresse d'Antoine Van-Dyck est vue de profil, tournée à droite, et regardant de face en arran-
geant son vêtement de la main gauche; dans une bordure octogone, sans inscription.

Dans les angles du bas : *Ant van Dyck pinx.*
I Morin scul cum priu Reg.

Hauteur : 10 po. 10 l. Largeur : 8 po. 8 l.

On connaît deux états de cette planche :
I. Avant la lettre.
II. C'est celui décrit.

63. *Louis XI, roi de France.*

Il est vu de profil, tourné à droite, où il regarde,
décoré du collier de l'ordre de Saint-Michel, la tête
couverte d'un bonnet cachant sa chevelure, surmonté
d'une espèce de chaperon de fourrures au rebord
duquel on voit l'image de la Vierge. Dans une bordure octogone, sur un appui de marbre, où est
écrit : *Louis XI.e Roy de France;* et plus bas, à
droite : *Morin scul. Cum Priuil. Re.*

Hauteur : 11 po. 4 l. Largeur : 7 po. 11 l.

On connaît deux états de cette planche :
I. Avant la lettre.
II. C'est celui décrit.

64. *Louis XIII, roi de France.*

Vu presque de face, où il regarde, et légérement
tourné à droite, Louis XIII est nu-tête, en cuirasse
fleurdelisée, et décoré de l'écharpe blanche, dans
une bordure octogone, sur laquelle on lit :
LOVIS . XIII . PAR . LA . GRACE . DE . DIEV .
TRES . CHRESTIEN . ROY . DE . FRANCE .
ET . DE . NAVARRE . &.

Dans les angles du bas : *Ph Champaigne pinx*
I Morin scul cum priu Regis.

Hauteur : 10 po. 9 l. Largeur : 8 po. 7 l.

65. *Maisons (le président de).*

Plus connu sous ce titre que sous son nom de famille, qui est pourtant historique, ce personnage,
qui devint surintendant des finances, est représenté
vu presque de face, où il regarde, légèrement tourné
à droite, dans une bordure octogone, sur laquelle on
lit : *M*^{RE} *RENE.DE . LONGVEIL . CHLER˜.
SEIGNEVR . DE . MAISONS . ET . PRESI-
DENT . A . MORTIER . &..*

Dans les angles du bas : *Ph. Champaigne pinx
I Morin scul cum priu Regis.*

Hauteur : 10 po. 11 l. Largeur : 8 po. 10 l.

66. *Marillac (Michel de), garde des sceaux.*

Frère du maréchal de ce nom, et victime comme
lui, d'une façon moins funeste, de la haine du cardinal de Richelieu ; il est représenté vu de trois
quarts, tourné à droite, et regardant de face dans
une bordure octogone, sur laquelle on lit : M^{RE}
MICHEL . DE . MARILLAC . CON^{ER} DV . ROY .
EN . SON . CONSEIL . DETAT . ET . GARDE .
DES . SCFAVX . DE FRANCE.

Dans les angles du bas : *Ph Champaigne pinx.
I. Morin scul. cum Priu Regis.*

Hauteur : 11 po. Largeur : 8 po. 9 l.

67. *Maugis des Granges (Pierre).*

Frère du célèbre abbé de Saint-Ambroise, qui,
le premier, colligea des estampes en France, et
dont le cabinet fut acquis par M. l'abbé de Marolles ;
il est représenté vu de trois quarts, tête nue, regar-

dant de face, enveloppé dans son manteau, et tourné à droite dans une bordure octogone, sur laquelle on lit : *PIERRE . MAVGIS . S^R DES-GRANGES . CON^{ER} ET . MAISTRE . D'HS-TEL . DV . ROY.*

Dans les angles du bas : *Ph Champaigne pinx I. Morin scul. cum Priu Regis.*

Hauteur : 10 po. 8 l. Largeur : 8 po. 7 l.

68. *Mazarin (le cardinal).*

Il est vu presque de face, où il regarde, légère-ment tourné à droite, dans une bordure octogone, sur laquelle on lit : *EMINENTISSIMVS . IV-LIVS . CARDINALIS . MAZARINIS . &.*

Dans les angles du bas : *Ph. Champaigne pinx I Morin scul cum priu Regi.*

Hauteur : 10 po. 11 l. Largeur : 8 po. 9 l.

On connaît deux états de cette planche :

I. C'est celui décrit.

II. L'inscription de la bordure est effacée, et le nom de Morin aussi.

69. *Mercier (Jacques Le), architecte.*

Il est vu de trois quarts, tourné à droite et regar-dant de face, dans une bordure octogone, sur la-quelle on lit : *IACQVES . LE . MERCIER . PRE-MIER . ARCHITECTE . DES . BASTIMENTS . DV . ROY . ET . DE . LA . ROYNE . REGENTE.*

Dans les angles du bas : *Ph. Champaigne pinx. I. Morin scul cum priu Regis.* — *Belle pièce.*

Hauteur : 11 po. Largeur : 9 po.

70. *Netz (Nicolas de), évéque d'Orléans.*

Il est vu presque de face, où il regarde, décoré de
la croix pastorale, et légèrement tourné à gauche,
dans une bordure octogone, sur laquelle on lit :
*NICOLAVS . DE . NETZ . CONSILIARIVS .
REGIS . IN . EIVS . CONSILIIS . ET . EPIS-
COPVS . AVRELIANENSIS.*

Dans les angles du bas : *Ph. Champaigne pinx
I Morin scul cum priu Regis. — Belle pièce.*

Hauteur : 10 po. 10 l. Largeur : 8 po. 7 l.

71. *Philippe II, roi d'Espagne.*

Décoré de la Toison-d'Or, ce prince, vu à peu
près de trois quarts, est tourné à droite, où il regarde
dans une bordure octogone, sur laquelle on lit :
*PHILIPPES . SCECOND . ROY . DES . ESPA-
GNES . ET . DES . INDES.*

Dans les angles du haut, est écrit, sens dessus
dessous : *Titiani. pinx. I Morin scul cum priu
Reg. — Belle pièce.*

Hauteur : 19 po. 11 l. Largeur : 8 po. 9 l.

72. *Richelieu (le cardinal de).*

Il est vu de trois quarts, tourné à gauche, regardant de face, et décoré de l'ordre du Saint-Esprit, dans une bordure octogone, sur laquelle on
lit : *EMINENTISSIMVS . ARMANDVS . JOAN-
NES . DV . PLESSIS . CARDINALIS . RICHE-
LEVS . &.*

Dans les angles du bas : *Ph. Champaigne pinx.
I. Morin scul cum priu Regis. — Belle pièce.*

Hauteur : 10 po. 11 l. Largeur : 8 po. 8 l.

73. *Sales (saint François de).*

Ce saint personnage est représenté presque de face, où il regarde, décoré de la croix pastorale, et légèrement tourné à gauche, dans une bordure octogone posée sur un appui de marbre, sur lequel on lit : *François de Sales Euesque et Prince de Géneue;* et plus bas, à droite : *Morin Scul. Cum Priuil.*

Hauteur : 11 po. 5 l. Largeur : 7 po. 8 l.

74. *Talon (Omer), avocat général au parlement de Paris.*

Ce magistrat, qui fut regardé comme l'oracle du barreau, est représenté vu presque de face où il regarde, et légèrement tourné à droite dans une bordure octogone.

Dans les angles du bas : *P. Champaigne Pin. Morin scul. et ex.*

Et dans la marge : *Audomarus Talœus, in Supremo Senatu Aduocatus Catholicus, Christianissimo Regi à Secretioribus Consilijs.—Belle pièce.*

Hauteur : 11 po. 9 l., y compris 13 l. de marge. Largeur : 8 p. 7 l.

On connaît deux états de cette planche :
I. Avant toute lettre.
II. C'est celui décrit.

75. *Tarrisse (dom Jean-Grégoire), général de la congrégation de Saint-Maur.*

Il est vu à peu près de trois quarts, tourné à droite, où il regarde, vêtu de l'habit de son ordre, dans une bordure octogone posée sur un appui de marbre, où est écrit : *R. P. D. Gregorius Tarrisse Superior General. Cong. S. Mauri. Obijt An 1648. Die 25. sept. Ætatis suæ 74 ;* et au dessous, à gauche : *F. Donstan Pin ;* et à droite : *Morin scul. Cum Pri. Re.—Belle pièce.*

Hauteur : 11 po. 7 l. Largeur : 7 po. 10 l.

76. *Tellier (Michel Le).*

Ce personnage, qui devint chancelier et garde des sceaux de France, et fut père du ministre Louvois, est représenté vu de trois quarts, regardant de face, et tourné à droite dans une bordure octogone, sur laquelle on lit : *M^{RE} MICHEL . LE . THELLIER . CON^{ER} DV . ROY . EN . SES . CON^{LS} SECRET . DES . COMMANDEM^{S} DE . SAMA^{TE}*

Dans les angles du bas : *P. Champaigne pinx I Morin scul cum priu Regis.*

Hauteur : 10 po. 11 l. Largeur : 8 po. 8 l.

77. *Thou (Augustin de), premier du nom.*

Vu de face, où il regarde, légèrement tourné à gauche, et la tête couverte, ce magistrat est représenté dans une bordure ovale, sur laquelle on lit :

MESSIRE AVGVSTIN DE THOV PRESIDENT
AV PARLEMENT . M.D.XL.I (1).

Dans l'angle bas de la gauche : *Morin Scul.* —
Belle pièce.

Hauteur : 11 po. 2 l. Largeur : 8 po. 9 l.

78. *Thou (Christophe de).*

Il est vu de trois quarts, regardant de face, tourné
à gauche et la tête couverte d'un chaperon, dans
une bordure ovale, sur laquelle on lit : MESSIRE
CHRISTOPHLE DE THOV PREMIER PRESI-
DENT M . D. LXXXII (2).

Dans l'angle bas de la gauche : *Morin Scul.* —
Belle pièce.

Hauteur : 11 po. 3 l. Largeur : 8 po. 10 l.

79. *Thou (Jacques-Auguste), président des
enquêtes du parlement de Paris.*

Père du compagnon d'infortune de Cinq-Mars,
ce magistrat est représenté vu de trois quarts, regardant de face et tourné à droite, dans une bordure ovale, sur laquelle on lit : V. ILLVSTR. IA-
COBVS AVGVSTVS THVANVS . IN SVPREMA
REGNI CVRIA PRÆSES . M . DC . XVII (3).

Dans l'angle bas de la gauche : *Ferdinand Pin.;*
et au dessous : *Morin Scul.* — *Belle pièce.*

Hauteur : 11 po. 3 l. Largeur : 8 po. 10 l.

------

(1) Année où il fut pourvu de cette charge.
(2) Année de sa mort.
(3) Date de sa mort.

80. *Tubœuf (Jacques).*

Ce magistrat, qui était parent de l'avocat-général Talon, est vu de trois quarts, tourné à droite et regardant du côté opposé, dans une bordure octogone, sur laquelle on lit : *MR.^L IACQVES.TVBOEVF. CON^{ER} DV.ROY.EN.SES.CON^{LS} INTEND.̃ DE.SES . FIN . ET . PRESIDENT . EN . SA. CHAMB.̃ DES.COMPT^{ES}*

Dans les angles du bas : *Ph. Champaigne pinx I Morin scul cum priu Reg.* — *Belle pièce.*

Hauteur : 10 po. 11 l. Largeur : 8 po. 10 l.

81. *Valois (Charles de), duc d'Angoulême.*

Fils naturel de Charles IX et de la belle Touchet ; il est vu presque de face, où il regarde, armé de la cuirasse sur laquelle passe l'écharpe blanche, et légèrement tourné à droite, dans une bordure octogone, sur laquelle on lit : *CHARLES . DE . VALOIS . DVC . DANGOVLESME . PAIR . DE. FRANCE . COMTE . DAVVERGNE.*

Dans les angles du bas : *Ph. Champaigne pinx I Morin scul cum priu Regis.*

Hauteur : 10 po. 8 l. Largeur : 8 po. 7 l.

82. *Verger de Hauranne (Jean Du), abbé de Saint-Cyran.*

L'ami zélé de Jansénius est vu presque de face, où il regarde, légèrement tourné à gauche et vêtu de son aube, dans une bordure ovale contenue dans un encadrement avec appui, et sur laquelle on lit :

M^{RE} IEAN.DV.VERGER.DE.HAVRANNE.
ABBE . DE . S^{T} CIRAN . DECEDE . LE . XIE
OCT^{E} M.D.C.X.L.I.I.I.AGE.DE.LXII^{ans}

Sur l'appui, en six vers : *L'Humanité profonde,* etc.

Et au dessous, à gauche : *P. Champaigne Pin.;*
et à droite : *Morin scul. Cum Priuil. Regis.*

Hauteur : 12 po. 11 l. Largeur : 9 po. 4 l.

On connaît deux états de cette planche.

I. La bordure, son encadrement et l'appui ne sont pas marbrés.

II. Ils le sont.

83. *Le même Personnage.*

Il est vu comme dans le morceau précédent, mais de proportions un peu moins fortes, dans une bordure octogone, sur laquelle on lit : *EFFIGIES R^{DI} PATRIS D. IOANNIS DV VERGER D'AVRANNE ABBATIS S. CYRANI, BENE DE ECCLESIA . MERITI . M.DC.XXXXVI.*

Dans les angles du bas : *Ph Champaigne pinx I Morin scul. cum priu. Regis.*

Hauteur : 11 po. Largeur : 8 po. 10 l.

84. *Le même Personnage.*

Il est représenté dans les mêmes proportions que dans le portrait qui précède immédiatement, mais en contre-partie, et d'une vigueur de ton bien supérieure, dans une forme ovale, non bordée et sans lettre, ce qui a fait penser que ce morceau n'était pas fini. *Il est d'une rareté extrême.*

Dimensions des travaux : Hauteur : 8 po. 3 l. Largeur :
6 po. 6 l.

85. *Vignerod ou Wignerod (Jean-Baptiste-Amador).*

Ce personnage, qui fut la souche des marquis de
Richelieu, après la mort du cardinal de ce nom,
son grand-oncle, est représenté en abbé, vu presque
jusqu'aux genoux et de trois quarts, regardant de
face et tourné à droite, où il pose la main sur un
livre de piété élevé sur une table. Dans une forme
carrée.

Dans la marge : *Amador Jean Baptiste de Vi-
gnerod abbé de Richelieu;* et plus bas, à gauche :
Champaigne Pin; et à droite : *Morin scul. Cum
Priuil. Re. — Belle pièce.*

Hauteur : 10 po. 7 l., y compris 17 l. de marge. Largeur :
7 po. 3 l.

On connaît deux états de cette planche.

I. Avant la lettre : la marge porte 23 l.

II. C'est celui décrit ; la marge est réduite à la dimension
donnée.

86. *Villemontée (François de).*

Ce personnage, qui entra dans les ordres et devint évêque de Saint-Malo, est représenté ici vu de
trois quarts, tourné à droite et regardant de face,
dans une bordure octogone, sur laquelle on lit : F.
DE VILLEMONTÉE CHÉR SEIG[R] DE MONTAI-
GVILLON, ET VILLENAVXE, CON[ER] D'ESTAT
ORDINAIRE, INTEND[T] EN POICTOV, AVNYS, &c.

Dans les angles du bas : *Champaigne pinx. J.
Morin Scul. — Belle pièce.*

Hauteur : 10 po. 11 l. Largeur : 8 po. 7 l.

87. *Villeroy* (*Nicolas de Neufville, marquis de*).

Ce personnage, qui fut gouverneur de Louis XIV, est représenté en cuirasse, sur laquelle passe l'écharpe blanche, vu de trois quarts, tourné à droite, et regardant de face, dans une bordure octogone, sur laquelle on lit : *NICOLAS . DE . NEVF-VILLE . MARQVIS . DE . VILLEROY . MA-RESCHAL . DE . FRANCE . &.*

Dans les angles du bas : *Ph. Champaigne pinx I. Morin scul cum priu Reg.*

Et dans la marge : *Ce vendent a Paris au fauxbourg sainct Germain rue du vieux colombier chez led. Morin. — Belle pièce.*

Hauteur : 11 po. 2 l., y compris 3 l. de marge. Largeur : 8. po. 8 l.

88. *Vitré* (*Antoine*).

Excellent imprimeur à Paris, dans le dix-septième siècle. Il est vu de face, où il regarde, légèrement tourné à droite, une main posée sur un appui où se voient un composteur, des caractères d'imprimerie et une feuille d'impression, et s'y accoudant de l'autre bras, dont la main est posée sur sa poitrine. Dans une forme carrée.

Au haut de la droite : *Æt. 60.*

Sur l'appui : *Antonius Vitré, Regis & Cleri Gallicani Typographus.*

Et au dessous, à gauche : *Champaigne pin.*; et à droite : *Morin scul. Cum Pri. Re. — Belle pièce.*

Hauteur : 11 po. 7 l. Largeur : 7 po. 11 l.

IV. PAYSAGES.

MORCEAUX D'APRÈS SES PROPRES COMPOSITIONS.

89 à 94. SUITE DE SIX PIÈCES, DE FORME RONDE, NON CHIFFRÉES.

Dans l'angle bas de la droite de chacune on lit : *Morin fe. et Ex. Cum Priuil. Re.*

Diamètre : 5 p. 2 à 3 l.

On connaît trois états de ces planches :

I. Les angles sont blancs ; c'est celui qui porte l'inscription rappelée.

II. Les angles sont teintés entre la bordure de la composition primitive et un trait carré ajouté pour former des marges : ces marges ne portent ni lettres majuscules ni numéros ; mais les inscriptions du 1er état ont été effacées.

III. Retouché. Dans les marges se voient des lettres majuscules accompagnées d'un numéro.

89. *Le Porte-balle assis.*

(1) Au bord d'un chemin traversant le bas de la composition, en longeant une rivière, se voit, vers le milieu, un porte-balle assis à côté d'un homme debout, qui lui fait une indication à droite, où se voient deux pêcheurs. Au delà de la rivière, à gauche, une langue de terre richement boisée.

90. *L'Enclos.*

(2) Au delà d'une pièce d'eau baignant le milieu du bas, où se voit, à droite, un tertre surmonté d'un gros arbre, on aperçoit le mur d'enceinte d'une espèce de parc, avec porte charretière et petite maison

d'habitation. En deçà, une femme, portant son enfant, est montée sur un âne qu'un homme, suivi d'un autre voyageur, dirige à gauche.

91. *Les Ruines à gauche.*

(3) La gauche de ce morceau est occupée par des ruines qu'ombragent des plantes parasites et trois arbres élancés. En avant de ces ruines se voient, à droite, trois couples de personnes et, au delà, du bétail.

92. *Les Ruines au fond.*

(4) Une femme et son enfant sont assis au milieu du bas ; à droite s'élèvent deux grands arbres, et, au fond, se voient les restes, couverts de verdure, de monumens antiques, parmi lesquels on remarque une arcade à jour.

93. *Le Cavalier.*

(5) Sur un chemin conduisant du milieu du bas vers la gauche, on aperçoit, se dirigeant de ce côté, et tout près de deux grands arbres, un homme à cheval, qui semble faire une indication, vers le milieu du fond, à un homme portant bâton, marchant à côté de lui.

94. *Le Paysan et son chien.*

(6) Un chemin aboutissant au milieu du bas conduit au fond de la droite, où l'on aperçoit un village et un pont de deux arches. Sur le bord de ce chemin, et adossé à un tertre où l'on remarque le tronc d'un arbre mort, on voit un paysan assis, tenant son chien qui semble lui faire des caresses.

MORCEAUX D'APRÈS DIFFÉRENS MAITRES.

—

95 A 98. SUITE DE QUATRE ESTAMPES NON CHIFFRÉES.

Hauteur : 14 po. à 14 p. 7 l., y compris des marges de 4 à 7 l. Largeur : 10 po. à 10 po. 6 l.

95. *Paysan et Paysanne en marche.*

(1) Un paysan suivi de sa femme, ayant entre eux leur chien, et tous deux portant la hotte, se dirigent à droite, à travers un pays extrêmement montueux , qui s'étend à perte de vue à droite, où le plat pays est baigné par une large rivière. Un arbre séculaire, aux rameaux formidables, s'élève à gauche ; et, sur la déclivité du terrain, vers le milieu, trois autres arbres élancés perdent leurs cimes dans celle du premier.

Dans la marge, à gauche : *I. Foucquer pinxit* ; à droite : *I. Morin sculp. et excudit, Auec priuilege* ; et au milieu : *A Paris chez ledit Morin, au Fauxbourg St Germain, rue du Vieux Coulombier.*

96. *Le Chariot.*

(2) Un chariot monté de trois personnes et attelé de deux chevaux que guide un charretier sort d'une épaisse forêt , à gauche , et descend du côté opposé ; un paysan suivi d'une jeune fille le précède.

Dans la marge à gauche : *I Foucquier pinx ;* et à droite : *I Morin scul cum priu Regis.*

97. *Le Cavalier.*

(3) Sur des rochers qui occupent la droite de ce

morceau, s'élèvent plusieurs arbres, dont le plus gros remplit de ses branches presque tout le haut de la composition. A gauche, un cavalier précédé d'un homme portant bâton se dirige de ce côté, où, dans le fond, on aperçoit une forêt.

Dans la marge, à gauche : *I Fouquer pinxit*; et à droite : *I. Morin sculp. et excudit, Auec priuilege.*

98. *Les deux Chaumières.*

(4) Un chemin venant du fond de la droite aboutit au bas du devant, où, à gauche, on aperçoit une pièce d'eau, au delà de laquelle, sur un site escarpé, s'élèvent deux chaumières à l'entrée d'une forêt. Ce chemin, parcouru par un homme et une femme marchant de compagnie, et par un cavalier, est bordé par un tertre sur lequel s'élève, vers le milieu, un gros arbre dont la cime atteint presque le bord supérieur de la planche, en couvrant de son ombre épaisse un porte-balle paraissant se reposer.

Dans la marge, à gauche : *I. Foucguier Pinx;* et à droite : *I Morin scul cum priu Regis,* comme nous le rapportons sous le n° 4 des planches auxiliaires.

———

99 A 102. VUES DE MONUMENS EN RUINES PRISES DANS LES CAMPAGNES D'ITALIE.

Suite de quatre pièces non chiffrées.

Largeur : 7 po. 7 à 9 l. Hauteur : 5 po. 2 à 3 l., y compris des marges de 2 à 3 l.

99. *Le Bouvier assis.*

(1) Au milieu du devant, un bouvier assis garde

son troupeau, qui se voit à gauche, vis à vis de lui. Le fond est garni de ruines, parmi lesquelles on remarque une grande arcade percée à jour.

Dans la marge : *C. V. Poclenburch pinx. Auec priuilege du Roy. A Paris chez I Morin, au Fauxbourg s. Germain, rue du vieux Coulombier.*

100. *La Cafarelle.*

(2) Vue de la fontaine de la nymphe Égérie, nommée aujourd'hui la *Cafarelle*. Cette fontaine est au fond d'une grande voûte à demi ruinée, qui occupe le milieu du fond, et dont une femme sort. Deux hommes paraissent prendre des rafraîchissemens sur la table que Charles-Quint y fit placer.

Dans la marge, à gauche : *C. V. Poclenburch pinxit;* à droite : *Morin sculp. et excudit;* et au milieu : *Auec priuilege du Roy.*

101. *La vieille Femme assise.*

(3) Sur le premier plan, à gauche, se voit une vieille femme, assise au bord d'un chemin, ayant un paquet sur ses genoux et, à ses pieds, un panier. Du bétail se voit au delà, gardé par deux bergers, l'un debout, l'autre marchant au long des ruines qui occupent le fond de ce morceau depuis le côté gauche jusqu'aux deux tiers de la largeur de l'estampe.

Dans la marge, à gauche : *C. V. Poclenburgh pinxit;* à droite : *Morin sculp. et exc.;* et au milieu : *Auec priuilege du Roy.*

102. *Vestiges d'aqueduc.*

(4) Ce morceau offre la vue des vestiges d'un aqueduc qui embrasse, dans les quatre arcades qu'on distingue, toute la largeur de l'estampe ; des chèvres broutent aux environs, et, à travers la plus apparente des arcades, on aperçoit un pays boisé, enrichi de quelques fabriques.

Dans la marge, à gauche : *Cl. le Lorrain pinxit* ; à droite : *Morin sculp. et excud.* ; et au milieu : *Auec priuil. du Roy.*

—

103 A 106. SUITE DE QUATRE PIÈCES NON CHIFFRÉES.

Largeur : 11 po. 7 l. Hauteur : 8 po., y compris 2 l. de marge.

103. *La Chasse aux canards.*

(1) Charmant paysage boisé, à droite et au fond de la gauche, coupé par une vaste pièce d'eau qui baigne toute la gauche du devant. Le tronc d'un arbre mort, qui se voit au milieu du devant, s'incline sur les eaux et forme, avec les roseaux qui l'environnent, une retraite à une compagnie de canards sauvages, dont deux nagent sous cet arbre. Un troisième s'envole à l'approche d'un chasseur, précédé de son chien, qui s'avance de la droite en tapinois, ayant derrière lui un second chasseur qui arrête son propre chien.

Dans la marge, à gauche : *Fouquiere Pin.* ; et à droite : *Morin Scul. Cum Priuil. Re.*

104. *Le Bouvier près d'une mare.*

(2) A la gauche du devant, un bouvier paraît faire sortir d'une mare servant d'abreuvoir, qui se voit au milieu, deux bœufs qu'il chasse devant lui ; cette mare est ombragée par un gros arbre existant au delà, en avant d'une chaumière qu'on aperçoit à droite.

Dans la marge, à gauche : *Fouquiere Pin.* ; et à droite : *Morin Scul. Cum Priuil. Re.*

105. *La Paysanne en marche.*

(3) Charmant paysage coupé, au milieu du devant, par un chemin que parcourt une femme avec un enfant, suivis de leur chien, en se dirigeant au fond. Un autre chemin, qui se voit à gauche et qui longe une forêt, est parcouru dans le fond par un coche que suit un paysan.

Dans la marge, à gauche : *Fouquiere Pin.* ; et à droite : *Morin Scul. Cum Priuil. Regis.*

106. *Les Monumens romains.*

(4) Reproduction, par notre artiste, du tableau de Corneille Poelenbourg, exposé au Musée royal sous le n° 360 du livret, qui l'attribue à Bréenberg.

La gauche de ce morceau offre une fontaine monumentale, en partie ruinée, décorée d'un bas-relief représentant un sacrifice, et dont la vasque est entourée d'une femme lavant du linge et de deux hommes, dont l'un tient son cheval par la bride, et qui s'entre-parlent. Au fond de la droite, se voient les ruines d'autres monumens, ayant une grande arcade souterraine.

Dans la marge, à gauche : *Corneille Pin.* ; et à droite : *Morin scul. Cum Priuil. Regis.*

———

107 ET **108**. SUITE DE DEUX PIÈCES NON CHIFFRÉES.

Largeur : 15 po. 10 à 11 l. Hauteur : 11 po. 9 l., y compris des marges de 2 à 3 l.

107. *Les Moissonneurs.*

(1) Quatre moissonneurs sont assis et prennent leur repas, au bas de la droite, à l'ombre d'un bouquet d'arbres. En avant de l'enclos, richement boisé, d'une ferme qui existe au fond de la gauche, se voit une plaine de blé, dont un sentier est parcouru par deux hommes portant des râteaux, laquelle aboutit sur le premier plan, où l'on aperçoit des javelles.

Dans la marge, à gauche : *J. Fouquier Pinx. J. Morin scul. cum Priuil. Regis.*

108. *Marche de Paysans.*

(2) Une vaste chaumière au pignon pointu occupe la gauche, à l'entrée d'un bois. En avant, se voit un chemin, débouchant au bas de la droite, que suivent cinq hommes chargés et une femme montée sur un âne et portant un panier sur ses genoux, en se dirigeant du même côté, où existe un étang au bord duquel s'élèvent deux grands arbres dont la cime est coupée par le bord supérieur de la planche.

Dans la marge, à gauche : *J. Fouquier pinx. J. Morin scul. cum Priuil. Regis.*

PIÈCES DOUTEUSES.

—

1. *Décoration d'autel.*

Morceau traité dans un goût approchant assez du n° 34, dans lequel on voit un autel d'ordre corinthien, ayant un flambeau de chaque côté, et dont les deux pilastres sont surmontés de pots à feu. Un fronton le couronne, dans le tympan duquel se voit une tête de chérubin. Dans un tableau, au milieu, est représenté l'Agneau couché sur la croix, et au dessous on lit, dans un cartouche : *Ecce Agnus Dei,* etc. — Pièce sans marque.

Largeur : 8 po. 6 l. Hauteur : 6 po. 8 l.?

2. *Décoration d'almanach.*

Décoration d'ordre ionique, enrichie de festons au haut, d'où pend un rideau sur lequel est imprimé, en caractères typographiques, l'almanach de 1650.

Au milieu du bas, dans un cartouche : *Herman Weyen Excudit Cum Priuil. Regis.* — Morceau dans le goût du précédent.

Largeur : 10 po. 4 l. Hauteur : 6 po. 10 l.?

3. *Epitaphe.*

Reproduction, dans un goût mi-parti de Morin et d'Albert Flamen, du monument funèbre de Jean-Baptiste Morin, docteur en médecine et professeur de mathématiques au Collége royal, érigé, par les soins de M. Guillaume Tronson, dans l'église paroissiale de Saint-Étienne-du-Mont, à Paris.

Le buste du défunt, gravé au burin par une main étrangère, est soutenu, au dessus du monument chargé d'inscriptions, par Hygie, assise à droite, et par Uranie, assise du côté opposé.

Dans une banderolle, au haut, on lit : *Epitafe de feu Mr Morin professeur Royal mise dans l'Eglise parrochiale de St Estienne du Mont à Paris.*

Le fond est marbre ; mais ce morceau ne porte aucun nom d'artiste.

Hauteur : 5 po. 2 l. Largeur : 4 po. 5 l.

4. *Portrait de Marie de Médicis.*

La mère de Louis XIII est représentée vue de trois quarts, tournée à droite et regardant de face, dans une bordure octogone, posée sur un appui de marbre, où est écrit : *Marie de Medicis Royne de France ;* et plus bas, à gauche : *Pourbus Pin.,* et à droite : *Morin excudit Cum Priuil.*

Hauteur : 11 p. 5 l. Largeur : 8 po.

JEAN NOCRET.

Cet artiste naquit à Nancy, département de la Meurthe, vers 1618, et fut élève de Jean Leclerc, son compatriote, qu'il quitta de bonne heure pour aller en Italie, où il travailla long-temps.

Quoique le portrait fût son principal talent, il fit, revenu en France, d'assez grands ouvrages au château de Saint-Cloud et au palais des Tuileries. Il peignait d'une manière fraîche et agréable, et devint recteur de l'Académie royale de Peinture et Sculpture de Paris, où il mourut en 1676, pourvu de la charge de valet de chambre du roi.

Félibien, chez qui nous puisons la plupart de ces détails, nous fait connaître que Nocret était d'un grand savoir et d'une rare sagacité sur toutes les parties de l'art qu'il cultiva.

Nous devons à sa pointe une seule estampe, qui peut servir à constater une partie essentielle de son talent, savoir, des attitudes simples et gracieuses, un beau jet de draperies, et beaucoup de sagesse dans la dégradation des plans. Elle a jusqu'ici échappé aux recherches des chalcographes.

L'Hommage du petit saint Jean.

La sainte Vierge, vue de profil et tournée à droite, est assise, à gauche, au pied d'un rocher surmonté de quelques arbres, appuyée sur un soubassement d'architecture au bas duquel gît un fragment d'entablement; elle tient son divin fils, vu debout à mi-corps, à côté d'elle, qui donne la bénédiction au petit saint Jean, agenouillé devant le Sauveur, et qui lui offre son agneau.

Sur la terrasse on lit, à droite : *J. Nocıet in et fecit,* comme nous le rapportons n° 5 ; et au milieu : *Cum priuilegio Regis.*

Hauteur : 10 po. 2 l. Largeur : 7 po. 11 l.

On connaît deux états de cette planche :
I. Avant la lettre.
II. C'est celui décrit.

J.-P. CROZIER.

L'histoire de l'art est absolument muette sur cet artiste, qui n'était pourtant pas sans talent.

Comme il florissait en 1646, ainsi que nóus l'enseigne l'une de ses estampes, nous sommes fondé à penser qu'il naquit vers 1620.

On lui doit les trois pièces que nous allons décrire, qui se voient au Cabinet des Estampes de la Bibliothèque royale, et que nous n'avons aperçues que là. Elles sont touchées avec esprit, bien que le dessin des deux premiers morceaux ne soit pas exempt de lourdeur. La troisième pièce est le produit d'une pointe badine et déjà très exercée.

OEUVRE

DE

J.-P. CROZIER.

---

1. *La Guérison du Paralytique.*

Le paralytique est couché dans son lit, à gauche, et deux anges se voient, debout, au pied de sa couche. Saint Pierre est à son chevet, et semble lui dire : *Énée, le Seigneur Jésus-Christ vous guérit, levez-vous et faites vous-même votre lit* (1), tout en lui montrant Dieu le Père et le Saint-Esprit, qui apparaissent au milieu du haut. Morceau cintré.

Sur une marche, au bas de la droite : **I. P. CRO-ƧIER** *in et fe* 1646, comme nous le rapportons n° 6.

Hauteur : 11 p. 9 l., y compris 8 l. de marge. Largeur : 7 po. 10 l.

2. *Saint Jean dans le désert.*

Saint Jean est assis sur un roc, à droite, tourné du côté opposé ; il regarde de face et semble prêcher. Il tient, d'une main, sa petite croix, et fait, de l'autre, une indication dans le fond.

Dans la marge, à gauche : *J. P. Crozier in et fecit.*

Largeur : 4 po. 7 l. Hauteur : 3 po. 8 l., y compris 2 l. de marge.

---

(1) *Act. des Ap.*, ch. ix.

3. *Offrande à Bacchus.*

Silène, environné et suivi de son cortége ordinaire, est assis sur le dos d'un faune, au milieu de la composition, s'apprêtant à faire des libations en l'honneur de Bacchus, dont l'autel, chargé de présens, se voit à gauche.

Dans la marge, à gauche : *J. P. Crozier inventor et fecit.*

Largeur : 11 po. Hauteur : 7 po. 6 l., y compris 3 l. de marge.

NOEL COYPEL.

Noel Coypel naquit, en Basse-Normandie, en 1628. Après avoir été quelque temps chez Poncet, élève de Vouët, établi à Orléans, il vint à Paris, où il se perfectionna, d'abord sous Quillerier, et ensuite sous Charles Errard.

Il fut reçu à l'Académie en 1663, et y professa l'année suivante. Plus tard, il devint recteur, puis directeur de cette Académie ; enfin, il fut nommé directeur de l'École de Rome, où il séjourna pendant trois ans, qui expirèrent en 1676, durant lesquels, et postérieurement, Errard n'occupa plus cette place que comme honoraire.

Il peignit au Louvre, aux Tuileries, aux Invalides, à Versailles. Il entreprit les tableaux des Invalides, qui sont à fresque, à l'âge de soixante-dix-huit ans, et ce travail lui occasiona la maladie dont il mourut le 24 décembre 1707.

On trouve, dans ses tableaux, de la fécondité, de la correction et un assez bon ton de couleur. Le Sueur et Poussin lui revenaient sans cesse en idée dans ses compositions.

M. d'Argenville, chez qui nous puisons ces détails, dit que notre artiste a gravé trois planches à l'eau-forte, qui représentent une sainte Famille, avec des changemens : nous n'avons pu en découvrir au delà de deux, nous allons les décrire; quant à la troisième, nous sommes convaincu de sa non-existence, nous fondant sur ce que cet écrivain aura compté, comme le produit d'une troisième planche, la contre-épreuve de notre numéro premier, Ier état, qui se voit encore aujourd'hui dans l'œuvre des Coypel, au Cabinet des Estampes de la Bibliothèque royale.

Ces pièces sont d'un faire large et d'une pointe forte, mais badine; quelques travaux au burin en nourrissent les ombres.

OEUVRE

DE

NOEL COYPEL.

1. *La Vierge et l'Enfant Jésus.*

La Vierge, en demi-figure, est assise à gauche, en avant d'une muraille à pilastres cannelés; elle tient, entouré de ses deux bras, dont les mains sont jointes, son divin fils, debout sur elle, qui la caresse. Composition dans un ovale en hauteur.

Dans les angles du bas, en une ligne : *N. Coypel. in. Sculp. et. excudit,* comme nous le rapportons n° 7 ; et au dessous : *F. de poilly ex com priuil. Regis.* 1664.

Hauteur : 10 po. 9 l. Largeur : 7 po. 7 l.

On connaît deux états de cette planche :
I. Avant la lettre.
II. C'est celui décrit.

2. *Sainte Famille.*

La Vierge, vue jusqu'aux genoux, est assise, au milieu de l'estampe, à l'entrée d'une campagne. Elle tient, debout sur elle, l'Enfant Jésus, dont elle soutient d'une main le pied , et de l'autre une main que le Rédempteur lève, en signe de bénédiction, vers le jeune saint Jean, qui se voit en adoration, au bas de la gauche. Saint Joseph est debout, dans le fond, attentif à cette aimable scène. Composition dans une forme carrée.

Dans la marge à gauche : *N. Coypel in et sculp ;* et à droite : *F. de poilly ex com Priuil. Regis.* 1664.

Hauteur : 10 po. 11 l., y compris 8 l. de marge. Largeur : 7 po. 9 l.

On connaît quatre états de cette planche :

I. Avant la lettre ; les angles sont aigus.

II. Avant la lettre ; les angles sont arrondis.

III. Avec la lettre ; c'est celui décrit.

IV. Retouché. Au milieu de la marge, on lit : *La Sainte Famille de Jésus-Christ.* L'adresse de de Poilly est remplacée par ces mots : *à Paris chez Gissey graveur rue S[t]. jacques à l'arbre de Jessé.*

JACQUES BAILLY.

Jacques Bailly, peintre en miniature, naquit à Graçay, département de l'Indre, vers 1629, et mourut, à Paris, le 2 septembre 1679.

Membre distingué de l'Académie royale de peinture, il obtint du roi un logement aux galeries du Louvre. Il excellait à peindre les fleurs, les fruits et les ornemens, qu'il inventait et dessinait avec beaucoup d'art. Il gravait très bien à l'eau-forte, et avait un secret particulier pour peindre sur les étoffes.

Félibien nous fournit la majeure partie de ces renseignemens ; mais *Piganiol-de-la-Force* ajoute que notre artiste avait aussi le secret de rendre les couleurs mordantes au point de pénétrer le marbre si profondément, que, sciant sa première surface, le sujet peint était encore tellement apparent, qu'on pouvait obtenir plusieurs tableaux au lieu d'un. Mais les drogues que Bailly mêlait à ses couleurs étaient si fortes, que, malgré le masque de verre dont il se précautionna dans ses essais, elles lui portèrent avec violence à la tête, et qu'il en mourut. Son secret disparut avec lui.

Nous devons à sa pointe énergique et pleine d'esprit une suite de douze bouquets de fleurs, amenés à l'effet par un seul jet de travaux simples, sans aucune contre-taille, se détachant sur un fond entièrement

blanc. Ils sont traités d'un faire large et avec une préci-
sion qui décèle une flexibilité de talent extrêmement
remarquable. Ces pièces ont jusqu'ici échappé aux
recherches des chalcographes, et il est d'autant plus
difficile de les rencontrer, que les fabricans d'étoffes,
curieux d'aussi beaux modèles, ont dû les retirer
constamment de la circulation pour en enrichir leurs
Recueils.

1 A 12. BOUQUETS DE FLEURS.

SUITE DE DOUZE PIÈCES CHIFFRÉES AU BAS DE LA GAUCHE.

Sur le premier morceau on lit au bas de la droite :
N. Poilly. ex. c. p. r.

Hauteur : 11 po. 1 à 7 l. Largeur : 8 po. à 8 po. 5 l.

1.

Des roses, une tulipe, des iris, une anémone et
une tige de rose trémière.

Sur une feuille de rosier, à gauche, on lit :
DIVERSES FLEVRS MISES EN BOVCQVETS
*Dessignées et Grauées Par I. Bailly Peintre du
Roy qui se vendent à Paris aux Galleries du
Louure Chez led. Bailly. Auec Priuil de Sa Maj^{té}*

2.

Des roses, une tulipe, des pavots et une branche
de tubéreuse.

3.

Une couronne impériale, des iris et une fritillaire.

4.

Des anémones, des oreilles-d'ours, des pavots et une branche de fraxinelle.

5.

Une touffe de lilas, un œillet, une narcisse, un zinnia et une branche de pied-d'alouette.

6.

Jacinthe, anémones, aconit, etc.

7.

Roses en fleurs et en boutons, et tige d'une variété de narcisse.

8.

Des roses d'Inde, des pieds-d'alouette, des anémones, des campanules, un œillet, une tige de mauve en boutons.

9.

Une rose, des fleurs d'ancolie, de digitale et de gros liseron.

10.

Des tulipes, une anémone, des immortelles de Belleville.

11.

Des narcisses, des fleurs d'oranger, des iris bulbeux.

12.

Une tulipe, des jacinthes, des tubéreuses, etc.

CLAUDE LE FEBURE.

Cet artiste, dont le nom se prononce Le Fèvre, naquit à Fontainebleau, les uns disent en 1633, et d'autres en 1636.

Élève de Le Sueur et de Le Brun, il cultiva presque exclusivement le genre du portrait, dans lequel il excella.

Membre de l'Académie royale de Peinture, dont il fut nommé adjoint à professeur, il mourut en 1673.

M. d'Argenville nous apprend qu'il a gravé à l'eau-forte les portraits de de Piles, de Boudan et celui de sa mère. Basan, qui ne parle pas du portrait de M. de Piles, cite celui de l'artiste même. Ces auteurs ont ignoré l'existence du portrait de Charles Patin, que nous allons décrire avec ceux de l'artiste et de Boudan, comme étant les seuls que nous ayons jamais rencontrés.

Claude Le Febure a eu un frère, prénommé Jacques, qui fut un des anciens dans la communauté des maîtres-peintres, qui peignit fort bien le portrait et l'histoire, et qui mourut en septembre 1678 : nous ignorons s'il a gravé.

Mais il ne faut pas confondre ces deux *Le Febure* avec Valentin *Le Febre*, dit de Venise, à cause du long séjour qu'il fit en cette ville, où il a beaucoup gravé d'après Le Titien, et qui, né à Bruxelles, « avait été, dit Florent Le Comte, reçu à l'Académie

» pour le portrait ; mais , voulant y être pour l'his-
» toire, et ne pouvant être reçu en cette qualité , il
» s'en retira, et alla en Angleterre en 1676 ; mais,
» lorsqu'il se disposait à revenir en France, *la mort*
» *lui épargna le retour.* »

OEUVRE

DE

CLAUDE LE FEBURE.

1. *Portrait de l'Artiste.*

Claude Le Febure est représenté à mi-corps et de profil, tourné à droite et regardant de face. Sa tête, vue à peu près de trois quarts, est garnie d'une longue chevelure frisant naturellement, qui lui descend sur les épaules. Il porte rabat, est couvert d'un manteau, et pose la main gauche sur sa poitrine. Le fond est ombré de tailles croisées. — *Belle pièce,* sans marque, à moins qu'il ne s'en trouve dans la marge, la seule épreuve que nous ayons vue en étant privée.

Hauteur : 8 po. 11 l. Largeur : 6 po. 10 l.

2. *Portrait de Boudan, imprimeur en taille-douce.*

Représenté à mi-corps, vu de trois quarts, éclairé à droite et regardant à gauche ; il est nu-tête, vêtu d'un justaucorps avec rabat et petit manteau jeté sur l'épaule droite. Morceau légèrement touché et peu fini, dont le fond est teinté de traits horizontaux.

Dans la marge, sous le trait carré : *Cl. le Febure pinxit et sculpsit ;* et plus bas : *ALEXAN- DER BOUDAN Iconopola Lutetiæ.*

Hauteur : 7 po. 7 l., y compris 1 p. de marge. Largeur : par en haut, 6 po. 3 l., et par en bas, 6 po.

3. *Portrait de Charles Patin.*

Ce célèbre fils de Gui Patin est vu de trois quarts, à mi-corps, tourné à gauche et regardant du côté opposé, d'où vient la lumière. Il est enveloppé dans son manteau orné de fourrure, et sa tête est couverte de la perruque à la Louis XIV. Composition dans un ovale en hauteur, dont les angles sont teintés horizontalement.

Sur la bordure, on lit : CAROLVS PATIN DOC-TOR MEDICVS PARISIENSIS. ÆT. 29. 1662.

Et au dessous, sur un appui : *IN EFFI-GIEM*, etc., suivis de quatre vers latins par François Ogier (Ogerivs).

Hauteur : 10 po. 2 l. Largeur : 7 po.

On connaît trois états de cette planche :

I. C'est celui décrit.

II. Réduit aux dimensions ci-après : H. : 7 po. L. : 5 po.

Le sujet est dans une forme carrée, dont le fond, à droite et au bas de la gauche, est teinté de deux tailles croisées en diagonale. Au haut de la droite, on lit : *Æt.* 30. 1663 ; et au bas, dans une tablette : *M . CHARLES PATIN, DOC-TEVR REGENT EN LA FACVLTÉ DE MEDE-CINE DE PARIS ;* et plus bas : *Le Febure pinx. et sculp.*

En cet état, ce portrait décore l'ouvrage du savant personnage qu'il représente, intitulé : *Traité des Tourbes combus-tibles,* Paris, 1663, in-4°. Sur son verso, on lit deux pièces de vers adressées à M. de Chambray.

III. Il diffère du IIe aux signes ci-après : il est plus travaillé dans les ombres ; les hachures du fond, à droite et au bas de la gauche, sont recouvertes d'une troisième taille perpendiculaire, et le fond du haut de la droite, qui, dans le IIe état, n'était teinté que d'une ligne horizontale, est, dans celui-ci, recouvert d'une seconde taille perpendiculaire parsemée de petits points alongés ; enfin, le verso est sans impression.

ROGER DE PILES.

Cet auteur de tant d'ouvrages estimés sur la peinture fut peintre lui-même.

Membre d'une famille noble du Nivernais, il naquit à Clamecy, département de la Nièvre, en 1635.

Élève de Claude François dit frère Luc, récollet, il acquit une grande intelligence du coloris et du clair obscur, et sut imiter parfaitement les objets qu'il voulait rendre. Ses connaissances pratiques s'accrurent d'une théorie profonde, puisée dans la fréquentation des artistes nationaux les plus célèbres, et dans la savante étude des tableaux des maîtres de toutes les écoles, lors des voyages multipliés qu'il entreprit en Italie, en Hollande et dans d'autres contrées de l'Europe. Il a peint, entre autres personnes, Boileau-Despréaux, la célèbre Mme Dacier, et François Tortebat, peintre et graveur.

Il mourut à Paris, le 5 avril 1709, pourvu du titre de conseiller-amateur de l'Académie royale de Peinture.

Le Père Lelong lui attribue, comme graveur à l'eau-forte, 1° le portrait d'Antoine Fresnel, avocat au parlement de Normandie, que nous n'avons jamais vu ; 2° et celui que nous allons décrire. Nous ignorons si le premier est d'après sa propre composition ; mais l'autre est très certainement la reproduction du portrait du peintre du Fresnoy, dû au pinceau de Charles Le Brun, et qui est exposé au Musée royal, sous le n° 108 du Livret.

Cette estampe, d'une grande rareté, est gravée à la pointe avec toute la liberté d'un peintre et avec le prestige du clair obscur peu habituel aux graveurs de profession. Les chairs sont teintées de traits légèrement alongés ou savamment recourbés, parsemés de quelques points rares, que de légères hachures viennent animer. Le fond est ombré d'une façon strapassonnée sur une espéce de poncis.

Portrait de Charles-Alphonse Dufresnoy, peintre.

L'auteur de l'*Art de peindre*, qui fut peintre lui-même, est représenté vu de trois quarts, à mi-corps, tourné à gauche, où il regarde. Son corps est couvert d'un manteau garni de fourrure, qu'il semble retenir de la main gauche posée sur son sein, en laissant entrevoir sa chemise agrafée au dessous de son cou nu. Sa tête est ornée d'une longue chevelure tombant de chaque côté sur ses épaules.

Dans la marge : *Carolus Alfonsus du Fresnoy Pictor Gallus de Pictura et Pingendo et Scribendo benemeritus ;* et au-dessous, à gauche : *obüt anno 1665. Ætatis suæ* 50.

Hauteur : 9 po., y compris 14 l. de marge. Largeur : 6 po. 2 l.

On connaît deux états de cette planche :
I. Avant la lettre. — *Très rare.*
II. C'est celui décrit. — *Rare.*

ANTOINE MASSON.

Antoine Masson naquit à Louvry, près d'Orléans, département du Loiret, en 1636, et mourut à Paris, en 1700.

« Il fut graveur célèbre, dit *M. Levesque,* par la souplesse de son burin et par la justesse des tons qui donne à ses estampes la couleur et l'effet de la nature. Il avait été d'abord armurier et damasquineur, et avait acquis une grande pratique du burin dans cette profession, qui l'obligeait à graver sur l'acier. On croirait qu'avec cette première éducation *Masson* ne possédait que le métier de la gravure ; mais il savait aussi dessiner et peindre, et, comme Nanteuil, il peignait quelquefois lui-même les portraits dont il publia les estampes. Ses ouvrages doivent une partie de leur mérite au talent qu'il avait d'exprimer la couleur. Mais, avec toutes les qualités nécessaires pour obtenir l'estime des artistes et des vrais connaisseurs, il eut très souvent la petite prétention d'étonner le vulgaire des amateurs par des travaux bizarres. Son portrait de *Brisacier* est justement estimé : on reconnaît quel était le teint de cet homme ; on sent la légèreté de sa belle chevelure grise ; son collet est de la dentelle véritable. Le portrait d'Olivier *d'Ormesson* est aussi de la plus grande beauté, sans aucune affectation, si ce n'est dans les cheveux ; mais, dans son portrait de *Frédéric-Guil-*

laume, électeur de Brandebourg, on est un peu choqué de voir une taille en forme de poire faire le nez de ce prince, et une autre taille spirale faire son menton. Son portrait de Gui *Patin* est étonnant ; le travail ne saurait être plus bizarre, mais l'effet qu'il produit est admirable. Celui de Charles *Patin* est d'une excellente couleur, et respire la vie ; on voit le rire moqueur de ce médecin, non moins satirique que son père ; ses yeux brillent de malice ; l'hermine de sa fourrure est en même temps de la plus grande liberté de travail et de la plus admirable vérité ; mais, en regardant de près les tailles de la face, on trouve fort singulière la marche que suivent celles qui dessinent le nez pour aller ensuite former la joue ; on n'est pas moins blessé des tailles du front, et l'on est étonné de voir ensuite une taille roide former le menton. Son affectation de représenter des cheveux et des poils détachés et en quelque sorte volans n'a pas été toujours heureuse. Il résulte de cette méthode que, dans la fameuse estampe des *Disciples d'Émaüs,* d'après Le Titien, qu'on appelle l'estampe à *la nappe,* le chien, avec ses poils hérissés, semble, quand on le regarde de trop près, être un chien de paille. On sentira aisément que cela doit être ; car un poil volant ne peut se représenter, en gravure, que par deux tailles qui laissent entre elles un intervalle ; quand cet intervalle ne serait que de la cinquième partie d'une ligne, il en résulte que, dans la proportion que peuvent avoir les figures dans une estampe, le graveur, pour représenter un poil léger, représente en effet un poil qui a plus d'une ligne de grosseur. Il faut donc faire un usage très sobre de ce mensonge, qui est trop aisément découvert quand il est trop répété. Il n'en reste pas moins vrai que l'estampe à *la nappe*, quoiqu'elle offre encore quelques autres bizarreries, est un chef-d'œuvre de gravure et peut-être le plus beau morceau qui ait été fait d'après Le Titien. Il est rare que, dans les ouvrages de *Masson*, les beautés ne compensent pas avantageusement les défauts qu'il n'avait que parce qu'il aimait à les avoir. Dans le portrait de Gaspard *Charrier*, qu'il a gravé d'après Blanchet, les cheveux indiquent plutôt les tuyaux d'un hérisson que la chevelure d'un homme ; mais la face est d'un beau travail, les yeux surtout sont gravés avec le sentiment le plus rare, et la peinture ne rendrait pas mieux l'humidité brillante du cristallin. Il a gravé un assez grand nombre de portraits à peu près grands comme nature ; mais ce n'est pas dans cette proportion qu'il a le mieux réussi. »

Après cette savante dissertation, il nous reste à dire que *Masson* a gravé soixante-huit morceaux, dont six sujets et soixante-deux portraits.

Parmi ces portraits, il y en a

1°. Vingt-deux qui ont été faits pour décorer des thèses : ce sont nos n°⁵ 10, 12, 13, 17, 18, 20 à 23, 27, 31, 38, 44 à 47, 50 à 52, 56, 62 et 65 ;

2°. Cinq qui ont été faits pour orner des livres : ce sont nos n°⁵ 36, 53, 60, 64 et 68 ;

3°. Deux qui n'ont dû le jour qu'aux circonstances du temps, pour entrer dans des publications de *modes* : ce sont nos n°⁵ 29 et 42 ;

4°. Et celui de l'artiste même, notre n° 1.

Restent donc 32 portraits, qui ont été commandés à l'artiste par les personnages mêmes qu'ils représentent : ceux-là ont dû lui être payés convenablement ; car, d'après nos trois premières catégories, il est facile de se convaincre combien peu ont dû l'être ceux que des étudians, quels qu'ils fussent, des libraires ou des éditeurs de modes lui commandaient.

Un fait important, peu compris des artistes de nos jours, nous semble ressortir de l'usage que *Masson* faisait de son art, même à l'époque de sa plus grande force. Semblable en cela au célèbre Nanteuil, la thèse et le simple portrait de pacotille ne le rebutaient pas ; il les traitait avec amour, quoique avec assez de liberté, pensant sans doute qu'à défaut de travaux mieux rétribués il devait employer tous ses instans à l'exercice de son art, quels qu'en pussent être les résultats pécuniaires, afin de conserver la justesse du coup d'œil et l'habitude de l'outil, et de continuer de prendre acte de son existence artistique.

Nous venons de dire que *Masson* a gravé soixante-deux portraits ; c'est du moins là le nombre que nos recherches ont pu nous en faire découvrir. A la vérité, le P. Lelong, dans la table de sa *Bibliothèque historique de France,* cite, comme étant de l'artiste, cinq autres portraits que nous n'avons pas rencontrés : ce sont ceux 1° d'Arnaud (la mère Catherine-Agnès de Saint-Paul) ; 2° de Du Bellay (Jean) ; 3° de Colbert de Villacerf (Jean-Baptiste-Michel) ; 4° de Faure (François), évêque d'Amiens ; 5° et de Mesgrigny (Joseph-Ignace J.-B. de). Mais cet auteur a omis de comprendre dans sa table sept des portraits qu'a réellement gravés l'artiste, et qui rentraient pourtant dans le cercle qu'il s'était tracé dans son ouvrage ; ce sont nos n°ˢ 9, 35, 38, 45, 49, 57 et 65. D'ailleurs, il fait deux personnes de Henri de Fourcy, dont, selon lui, *Masson* aurait fait, en la même année 1679, un portrait de chacune ; c'est évidemment un seul et même personnage, et notre maître n'a peint et gravé que le portrait n° 28.

MM. Huber et Rost citent, de leur côté, un portrait de M. de Louvois, que l'artiste aurait gravé pour une thèse ; mais nous n'avons pu le découvrir.

Nous devons un témoignage public de gratitude à la complaisance et à l'urbanité de M. J.-J. de Bure aîné, amateur de Paris, possesseur d'une collection de portraits, dont le nombre excède 60,000, qui rivalise avec celle de la Bibliothèque royale, et dont l'ordre ne laisse rien à désirer. Il a non seulement permis nos recherches, mais il nous a aidé dans la constatation de plusieurs des remarques que nous signalons, non seulement dans ce catalogue particulier, mais encore dans ceux de Morin, de Le Febure, de De Piles et d'Antoine Coypel, qui font partie de ce volume, remarques que nous n'avions pu constater en totalité à l'aide des pièces de la Bibliothèque royale et des portraits gravés par Masson que possèdent aussi, en assez grand nombre, MM. Soliman Liétaud et Mathias, autres amateurs de Paris, qui se sont empressés de nous être utiles dans nos recherches, et auxquels la reconnaissance nous impose aussi le devoir d'adresser des remercîmens.

OEUVRE

D'ANTOINE MASSON.

---

1. *Portrait de l'Artiste*.

Il est vu presque de face, tourné à gauche, la main droite posée sur sa poitrine, dans une bordure ovale ayant au bas un cartouche orné de branches d'olivier, et sur laquelle on lit : ANT MASSON GRAVEUR ORDINAIRE DU ROI DE L'ACADEMIE ROYALLE. *né à Orléans et est mort âgé de 66 ans* (1).

Sur le renfoncement du socle servant de support, à gauche : *P. Mignard pinxit Trecensis* ; et à droite : *Ant. Masson sculpsit.*

Hauteur : 13 po. 11 l. Largeur : 10 po. 8 l.

SUJETS PIEUX.

—

2. *Le Serpent d'airain*.

Moïse est debout, à droite, levant une main au ciel, et montrant de l'autre le serpent, érigé vers le milieu, au peuple de Dieu, qui se voit dans des at-

---

(1) Comme nous n'avons jamais rencontré d'épreuves de ce morceau, avant ces mots : *né à*, etc., il est probable qu'il n'a vu le jour qu'après la mort de *Masson*.

titudes variées, sur le devant de la composition. Pièce de deux planches, commencée par Masson et terminée, après sa mort, par J. Langlois.

Sur la terrasse, à gauche : *Carolus le Brun. Pinx. Ant. Masson sculp. à Paris chez Est. Gantrel.*

Dans la marge, à gauche, le texte latin de la version ci-après ; et à droite : *Comme Moyse dans le desert eleva en haut le Serpent d'Airain, il faut de même que le fils de l'homme soit élevé en haut. Afin que quiconque croit en luy ne perisse point, mais qu'il ait la vie éternelle &ca.* Au dessous, les noms répétés de *Le Brun*, de *Masson* et de *Gantrel.*

Largeur des deux morceaux réunis : 3o po. 6 l. Hauteur : 23 po. 3 l., y compris 6 l. de marge.

On connaît deux états de cette planche :
I. Avant la lettre.
II. C'est celui décrit.

3. *Sainte Famille.*

La Vierge est assise, à gauche, tenant l'Enfant Jésus sur ses bras, qui se penche pour prendre la croix du jeune saint Jean, agenouillé vers lui, au milieu, et que soutient saint Joseph assis à droite.

Sur la terrasse, on lit : *Cum priuilegio Regis N. Mignard pinx. Ant. Masson sculpsit van Merlen ex. Cum pr. Re 1669. — Très belle pièce.*

On rencontre des épreuves au bas desquelles se voit l'empreinte d'une planche accessoire, portant ces mots au milieu : *Jn Hoc Signo Vinces ;* et au dessous : *à Paris Chez van-Merlen ex. Rue St Jac-*

ques a la *Ville d'Anuers. auec Pri. du Roy* 1669.

Largeur : 15 po. 4 l. Hauteur : 12 po., y compris 15 l. de marge.

On connaît deux états de cette planche :
I. C'est celui décrit.
II. A l'inscription sur la terrasse, la lettre *n*, finale du nom de *Van Merlen*, est effacée aussi bien que l'année ; et, sur la planche accessoire, le nom de *Gantrel* est substitué à celui de Van Merlen.

4. *Jésus de Nazareth.*

Notre-Seigneur est représenté debout, dans une campagne, au milieu de l'estampe, vu de face, la tête inclinée à gauche, la main droite élevée et l'autre étendue.

Sur la terrasse, à droite : *A. Masson ;* et, dans la marge, au milieu : *Jesus de Nazareth ;* à gauche : *P. Mignard in. ;* et à droite : *A.^{nt} Masson sculp.*

Hauteur : 8 po. 3 l., y compris 8 l. de marge. Largeur : 5 po. 11 l.

On connaît deux états de cette planche :
I. C'est celui décrit.
II. Avec l'adresse de *Gantrel.*

5. *Les Disciples d'Émaüs.*

Cette pièce, dite *la Nappe,* à cause, sans doute, de la rare perfection avec laquelle l'artiste a rendu la nappe qui recouvre la table où les convives sont assis, représente Jésus-Christ vu de face, au milieu du fond, la tête penchée à droite, où il regarde ; de ce côté, est un disciple accoudé, les mains jointes, et dans l'attitude de la prière ; du côté opposé, est un autre disciple qui, tout en regardant Notre-Seigneur, parle à un homme debout entre eux. Derrière ce disciple se voit, debout, un page portant un plat; et, sous la table, on aperçoit un chien qui aboie après un chat (1).

Au haut de la gauche, sur le pignon d'un bâtiment : ANT. MASSON SCVLP. ; et dans la marge, d'un côté : *Jesus Christ a table auec deux de ses Disciples dans le Chasteau d'Emaus ;* et, de l'autre, le texte latin de cette version. Plus bas, d'un côté : *graué sur le Tableau du Titien qui est dans le cabinet du Roy ; de cinq pieds de hault et de sept pieds et demy de large ,* et, de l'autre, le texte latin de cette explication ; et au dessous : *Ant. Masson sculp. — Chef-d'œuvre du maître* (2).

Largeur : 21 po. 6 l. Hauteur : 16 po. 10 l., y compris 18 l. de marge.

On connaît trois états de cette planche :

I. Les ongles des pieds du Christ sont presque blancs. Si l'épreuve sur laquelle nous avons constaté cette remarque n'avait pas été privée de sa marge, nous aurions été à même, sans doute, de constater aussi qu'en cet état la planche est avant la lettre. — *Unique, peut-être.*

II. Le bout des pieds du Sauveur est fini ; mais la fabrique du fond, au haut de la droite, est peu couverte de travaux. — *Rare.*

---

(1) Si l'on en croit la tradition, le disciple qui est à la droite du Sauveur représente l'empereur Charles-Quint ; celui que l'on voit à sa gauche, le cardinal Ximenès ; et le page, le fils de l'empereur, qui devint roi d'Espagne, sous le nom de Philippe II.

(2) La planche de ce morceau existe à Paris, et fait partie du fonds de la chalcographie du Musée royal, où l'on en débite des épreuves du 3ᵉ état.

III. Retouché; des tailles se voient sur le nuage au haut de la droite. Cet état est celui qui se rencontre ordinairement. — *Commun*.

6. *L'Assomption*.

Le tombeau est au bas de la droite, non loin du sépulcre. Des saints hommes et des saintes femmes contemplent, les uns, le linceul et les roses trouvées dans le tombeau ; les autres, la sainte Vierge planant sur une gloire d'anges, au haut de la gauche, une main étendue et l'autre posée sur sa poitrine, laquelle adore le Seigneur, qui apparaît au milieu.

Sur la terrasse, à gauche : *Rubens Pinxit;* vers le milieu : *Masson scul;* et à droite, un écusson d'armes.

Hauteur : 23 po. 10 l. Largeur : 16 po. 6 l.

On connaît deux états de cette planche :

I. Avant la lettre et l'écusson. — *Très rare.*
II. C'est celui décrit. — *Rare.*

7. *Saint Jérôme.*

Il est à mi-corps, vu de profil et tourné à droite, où se voit un crucifix. Il tient, d'une main, un caillou avec lequel il se mortifie, et, de l'autre, un grand livre ouvert à l'endroit du psaume 50. Sur le pied-droit d'une arcade, au fond de la gauche, on lit : ANT. MASSON IN. ET F. 1693,

Et dans la marge, au milieu : *St Hierosme;* et plus bas, à gauche : *Se . vend . Chez . le . Sr Masson;* et à droite : *A Paris . Auec Priuil. R.*

Hauteur : 9 po. 8 l., y compris 11 l. de marge. Largeur : 7 p. 2 l.

On connaît trois états de cette planche :
I. C'est celui décrit.
II. Avec l'adresse de *Charpentier*.
III. Avec celle de *Mondhar*.

PORTRAITS.

8. *Abelly (Louis), évêque de Rodez.*

L'antagoniste de Jansénius et de l'abbé de Saint-Cyran, le *moelleux Abelly*, comme le qualifie Boileau (1), est représenté vu de trois quarts, tourné à droite, regardant de face, et décoré de la croix pastorale, dans une bordure ovale, ornée, à sa base, d'un écusson environné de branches d'olivier, et sur laquelle on lit : LVDOVICVS ABELLY A EPISCO-PVS RVTHENEN^S

Sur l'appui : *Ant. Masson . Pin et sculpebat.*

Hauteur : 13 po. 1 l. Largeur : 9 po. 8 l.

9. *Le même Personnage.*

Il est vu de trois quarts, tourné à droite et regardant du côté opposé, dans un octogone. Ce morceau n'est pas fini.

Dans les angles du bas, on lit, en caractères très déliés : *Le Brun Pinxit A. Masson sculpsit.*

Hauteur : 7 po. 4 l. Largeur : 5 p. 6 l.

On connaît deux états de cette planche :

---

(1) Par allusion à son livre intitulé : *Medulla theologica*, lequel avait fait dire au cardinal Le Camus que *la lune était dans son décours lorsqu'il le composa.*

I. Avant la lettre.
II. C'est celui décrit.

10. *Albret (César-Phœbus d'), maréchal de France.*

Ce personnage, moins connu sous le titre de comte de Miossans, qu'il porta aussi, est représenté vu de trois quarts, tourné à droite, regardant de face et décoré de l'ordre du Saint-Esprit, dans une bordure ovale, armoriée à sa base, sur laquelle on lit : CESAR PHOEBVS DALBRET MAREC DE FRANCE GOVVER[R] DE GVIENNE *Ant. Masson sculpsit.*

Dans la marge : *offerebat Ludo[cus] de Couitart. An.* 1670.

Hauteur : 14 po. 6 l., y compris 1 p. de marge. Largeur : 11 po. 4 l.

11. *Anne d'Autriche.*

La mère de Louis XIV est vue de trois quarts, tournée à gauche et regardant de face, la tête ornée de la couronne de France, et vêtue du manteau royal, dans une bordure ovale, dont les angles sont fleurdelisés, et sur laquelle on lit : ANNA AVSTRIACA DEI GRATIA FRANCORVM ET NAVARRÆ[M] REGINA. *P. Mignard pinxit Ant Masson sculp[at] et exc. Cum Priuilegio Regis* 1665.

Hauteur : 17 po. 9 l. Largeur : 15 po. 5 l.

12. *Beauvilliers (François de), duc de Saint-Aignan.*

Décoré de l'ordre du Saint-Esprit, ce personnage est vu de trois quarts, tourné à droite et regardant de face, dans une bordure ovale, sur laquelle on lit :

FRANCISCUS DE BEAUVILLIERS DUX DE Sᵀ AIGNAN PAR FRANCIÆ EQUES TORQUATUS REGI INTER NOBILES A CUBICULIS PRIMUS. *Offerebant Franciscus et Prosper Machinot.*

Dans les angles du bas, autour de la bordure : *Antonius Masson . ad vivum . Pingebat et.sculpebat Parisijs Cum priv. Regis* 1686.

Hauteur : 15 p. 10 l. Largeur : 14 po. 2 l.

13. *Bignon* (*Jérôme*).

Ce savant illustre, ce célèbre et grand magistrat est vu de trois quarts, tourné à droite et regardant de face dans une bordure ovale, sur laquelle on lit : HIERONYMUS BIGNON CONSISTORIANUS COMES ORDINARIUS. OFFEREBAT HUMILLIMUS ET OBSEQUENTISSIMUS RICHEBOURG PARISINUS. *Antᵘˢ Masson. Ad. vivum. Pingebat et. Sculpebat. Parisijs* 1686.

Hauteur : 17 po. 2 l. Largeur : 14 po. 3 l.

On connaît trois états de cette planche :
I. Avant la lettre.
II. C'est celui décrit.
III. Au lieu de RICHEBOURG PARISINUS, on lit : GEORGIUS DABVRON ANDINUS.

14. *Bouillon* (*Emmanuel-Théodose de la Tour-d'Auvergne, duc d'Albret, cardinal de*).

Neveu du célèbre Turenne, ce personnage est représenté vu de trois quarts, tourné à gauche et regardant de face, dans une bordure ovale, avec écusson armorié au bas, d'où partent deux branches de laurier, et sur laquelle on lit : SERENISS. PRIN.

EMANVEL THEODOSIVS DE LA TOVR D'AV-VERGNE DVX D'ALBRET.

Sur la tablette du soubassement, à gauche : *N. Mignard pinxit;* et à droite : *Ant Masson sculpebat* 1665.

Hauteur : 12 po. 9 l. Largeur : 9 po. 10 l.

On connaît deux états de cette planche :

I. C'est celui décrit.

II. A l'inscription de la bordure, on a substitué celle-ci : EMMANVEL THEODOSIVS DE LA TOVR D'AVVERGNE DVX DALBRET. & .

15. *Brisacier (Guillaume de).*

Il est vu de trois quarts, la tête tournée vers la gauche et regardant de face, dans un ovale posé sur un piédestal. Sur la partie teintée de la plate-bande de cet ovale : GVILLAVME DE BRISACIER SE-CRETAIRE DES COMMANDEMENS DE LA REYNE 1664; et au dessous : *N. Mignard Auenionensis Pinxit Ant. Masson sculpebat* 1664. » Au bas de l'ovale et sur le haut du piédestal, des armoiries dans un cartouche, d'où sortent, d'un côté et de l'autre, des branches d'olivier. — *L'un des chefs-d'œuvre du maître.*

Hauteur : 12 po. 11 l. Largeur : 9 p. 9 l.

On connaît quatre états de cette planche :

I. Avant les noms et la qualité du personnage.

II. Avec ses noms et qualités; mais on lit : BRISASIER pour BRISACIER, et SEGRETAIRE pour SECRETAIRE.

III. Au lieu de BRISASIER, on lit : BRISACIER; mais le mot SECRETAIRE est toujours écrit avec un G, au lieu d'un C.

IV. C'est celui décrit.

16. *Charrier (Gaspard), lieutenant criminel au présidial de Lyon.*

Vu de face, il tourne la tête à droite, où il regarde, dans une bordure ovale décorée, à sa base, d'un écusson armorié, d'où partent des branches d'olivier, et sur laquelle on lit : GASPAR CHARRIER EQVES . REGI A CONS . IN PRÆFECT . LVGD . PROPRÆTOR.

Sur l'appui : *Th. Blanchet Lugd. pinxit Ant. Masson sculpsit. — L'un des chefs-d'œuvre du maître.*

Hauteur : 12 po. 6 l. Largeur : 9 po. 8 l.

On connaît trois états de cette planche :

I. La bordure, l'écusson ni ses ornemens ne sont pas finis ; la lettre n'est pas tracée.

II. Avec la lettre. Le gland qui descend sous le rabat n'est pas divisé en deux parties.

III. Le gland est divisé en deux parties côte à côte, et il est, d'ailleurs, plus travaillé.

17. *Chevreuse (Charles-Honoré d'Albert, duc de).*

Ce personnage est représenté en cuirasse, tourné à gauche et regardant de face, dans une bordure ovale, sur laquelle on lit : CAROL' HONORAT' D'ALBERT DVX DE CHEVREVSE LEVIS EQVITAT' PRÆTORIANI PRÆFECT' *Ant. Masson ad viuum ping. sculpebat* 1679.

Au bas, sur une petite draperie : *offerebat Ludouicus Pasquier.*

Hauteur : 14 po. 7 l. Largeur : 11 po. 7 l.

On connaît trois états de cette planche :

I. C'est celui décrit.

II. Dans l'angle bas de la droite, on lit : *Jn Grassinœo.*

III. Au dessous de la dédicace, on lit, au bas de la petite draperie : *Die.. . Maij*.

18. *Colbert (Jean-Baptiste)*.

Le célèbre ministre du grand roi est représenté vu presque de face, tourné à droite et regardant du côté opposé, dans une bordure ovale, sur laquelle on lit : IOANNES BAPTISTA COLBERT REGI A SANCTIORIBVS CONSILIIS, REGIORVM ORDI-NVM QVÆSTOR , REGNI ADMINISTER &ca *Ant. Masson sculp.* 1677. Les angles sont garnis de médaillons couronnés, offrant le chiffre du personnage.

Au bas, on lit, sur une draperie : *Offerebat addictissimus Petrus Franciscus Jacques Parisinus.*

Hauteur : 23 po. Largeur : 20 po.

19. *Colbert (Jacques-Nicolas)*, *abbé du Bec*.

Le second fils du grand Colbert, qui, dans la suite, devint archevêque de Rouen, est représenté vu de trois quarts, tourné à gauche et regardant de face, dans un ovale décoré, à sa base, d'un écusson armorié, d'où partent, de chaque côté, des branches d'olivier et de lis, animées de serpens. Sur la plate-bande de la bordure : JACOBVS NICOLAVS COLBERT ABBAS BECCENSIS.

Sur la tablette de l'appui, on lit, à gauche : *Ant. Masson. ad. viuum;* et à droite : *pinge et scul-pebat* 1670.

Hauteur : 13 po. 8 l. Largeur : 10 po. 7 l.

On connaît deux états de cette planche :

I. Avant une mèche de cheveux tombant sur le sourcil droit, et avant qu'on n'aperçoive une partie du gland et de son cordon au travers du rabbat.

II. Avec la mèche de cheveux sur le sourcil droit. Le gland, raccourci, se voit en partie ainsi que son cordon, au travers du rabbat.

20. *Le même Personnage, prieur de l'abbaye du Bec.*

Plus âgé que dans le portrait précédent, il est vu de trois quarts, tourné à gauche et regardant de face, dans un ovale bordé d'une couronne de laurier. Dans les angles se voient quatre ronds ; deux contiennent des C enlacés, surmontés d'une couronne, et les autres, deux crosses en sautoir surmontées d'une mitre.

Sur une banderolle, au haut : IAC. NICOL. COL-BERT ABBAS . BEC . CENSIS . PRIOR . CHARI-TATIS . NEC . NON . AMBERÆ.

Et au bas : *Offerebat devotissimo Ioan Bapt. de Sonning"*; et au dessous : *Ant. Masson ad viuum ping. et sculp. et excudebat cum P. R. 1677.*

Hauteur : 19 po. 9 l. Largeur : 16 po. 9 l.

On connaît trois états de cette planche :

I. Avant la lettre.

II. C'est celui décrit.

III. Au lieu de *Ioan. Bapt. de Sonning"*, on lit : *Fr' Hermann' Fuzellier.*

21. *Colbert (Charles), marquis de Croissy.*

Neveu du grand Colbert, ce personnage est vu de

trois quarts, tourné à droite et regardant de face,
dans une bordure ovale, sur laquelle on lit : CARO-
LVS COLBERT MARCHIO DE CROISSY REGI
AB OMNIBVS CONSILIIS ET MANDATIS REGNI
ADMINISTER. *H. Cascar, Pinxit. Ant. Masson
sculp.* 1681. *C. P.*

Dans les angles du bas : OFFEREBAT ADDICTISSIMVS
CAROLVS.FRANCISCVS GALOPIN D'ANGECOVRT SEDANENSIS.

Hauteur : 18 po. 2 l. Largeur : 15 po. 6 l.

22. *Colbert (Michel), abbé général des Prémontrés.*

Cousin du grand Colbert, ce personnage, qui devint évêque de Mâcon, est vu de trois quarts, tourné
à droite et regardant de face, et décoré de la croix
pectorale, dans une bordure ovale armoriée à sa
base, et sur laquelle on lit : R.^{mus} D^{nus} MICHAEL
COLBERT ABBAS PRÆMONSTRATI ET ORDI-
NIS GENERALIS.

Sur la tablette du socle servant de support : *Ant.
Masson ad viuum ping. et sculp. parisijs* 1674 ; et
au dessous : *offerebant Præmonstratenses scrictio-
ris obseruantiæ prouinciæ Normanniæ.*

Hauteur : 14 po. 6 l. Largeur : 11 po. 9 l.

Nota. On rencontre quelques épreuves imprimées avec un cachet-
lettre, ce qui fait que la dédicace ne s'aperçoit plus.

23. *Crécy (Louis-Verjus, comte de).*

Ce personnage, qui fut l'un des plénipotentiaires
de Louis XIV à la paix de Riswick, et membre de
l'Académie française, est vu de trois quarts, tourné
à droite et regardant de face, dans une bordure

ovale, armoriée à sa base, et sur laquelle on lit :
LVDOVICVS VERJVS COMES DE CRECY, REGI
A CONSILIIS ET SECRETIS PRIVATIS, REGIVS
IN IMPERII COMITIIS PLENIPOTENTIARI *An-
tonius Masson ad viuum sculpebat et pingebat*
1679.

Dans les angles du bas : *offerebat addictissimus
Petrus de Chanrenault Divionæus.*

Hauteur : 15 po. 3 l. Largeur : 12 po. 4 l.

On connaît deux états de cette planche :
I. Avant toute lettre.
II. C'est celui décrit.

24. *Cureau de la Chambre (Marin).*

Médecin ordinaire du roi et membre de l'Académie française; il est vu de trois quarts, tourné à
gauche et regardant de face, dans une bordure ovale.

Dans les angles du bas, on lit : *P. Mignard Ro-
manus pinxit Ant. Masson sculpebat* 1665.

Et dans la marge : *MARIN. CVRÆVS A
CAMERA CENOMAN. REGI A SANCTIOR.
CONSIL. ET MED. ORD. Ætat.* 70. — *L'un
des chefs-d'œuvre du maître.*

Hauteur : 10 po. 6 l., y compris 6 l. de marge. Largeur :
8 po. 3 l.

On connaît cinq états de cette planche :
I. Avant des contre-tailles sur la joue gauche.
II. Avec ces contre-tailles.
III. Avec des contre-tailles non seulement sur les deux
joues, mais encore sur toute la figure.
IV. On lit, au bas de l'ovale : *E. Desrochers exc.*
V. Ces derniers mots effacés. Planche ruinée.

25. *Dupuis (Pierre), peintre de fleurs.*

Représenté à mi-corps, dans une bordure ovale, il est vu de profil, tourné à droite, retournant la tête de face, où il regarde. Un bonnet de fourrure le couvre, et ses cheveux longs, frisant naturellement, tombent sur ses épaules. Il porte un manteau sur lequel est passée une chaine ornée d'un médaillon qu'il tient de la main gauche. Sur la plate-bande ombrée de l'ovale, on lit : PETRVS DVPVIS MONSFORTENSIS PICTOR REGIVS ACADEMICVS. — *Belle pièce.*

Sur la tablette du socle servant de support, à gauche : *N. Mignard, Auenionensis, Pinxit;* et à droite : *Ant, Masson sculpebat* 1663.

Et sur le socle :

Jé Peins Et Jé Suis Peint Par Mes, Meilleurs, Amis
Nous A'uons, En Cecy, Tous Trois, Mesme Aduantage
Ca'r Si . Pour M'obliger Ilz Ny, ont Rien Obmis,
Lh'onneur, Qui Est, sans, Prix Est Lé prix Dé Lou'urage

P. DVPVIS.

Hauteur : 11 po. 5 l. Largeur : 8 po. 6 l.

26. *Dupuy (Alexandre), marquis de Saint-André-Montbrun.*

Descendant de Charles Dupuy-Montbrun dit *le Brave,* l'un des plus vaillans capitaines des calvinistes, Alexandre Dupuy, marquis de Saint-André-Montbrun, se distingua au siége de Candie. Il est représenté, vu de trois quarts, tourné à gauche et regardant de face, dans une bordure ovale armoriée à sa base, et sur laquelle on lit : ALEXANDRE

DV PVY CHEVALIER MARQVIS DE SAINT AN-
DRÉ MON^TBRVN — *G. De Seue. Pinxit. Ant.
Masson faciebat* 1670. *Cum Pri . Regis.*

Hauteur : 13 po. 10 l., y compris 16 l. de marge. Largeur :
11 po.

On connaît trois états de cette planche :
I. Avant la lettre.
II. Avant le nom du peintre et avec le mot *ad*, légèrement
tracé à la suite du nom de Masson.
III. C'est celui décrit.

27. *Forbin de Janson (Toussaint).*

Plus connu sous le nom de cardinal de Janson,
ce personnage, qui fut successivement évêque de
Digne, de Marseille et de Beauvais, est vu de trois
quarts, tourné à gauche et regardant de face, décoré de la croix pastorale, dans une bordure ovale
armoriée à sa base, et sur laquelle on lit : TVSSA-
NVS DE FORBIN DE IANSON MASSILIENSIVM
EPISCOPVS &c.

Sur l'appui : *Offerebat Parisijs Antonius Gra-
nier Massiliensis.* 1672 ; et au dessous, à gauche :
Ant. Masson ad viuum pinxit et sculp.

Hauteur : 14 po. 9 l. Largeur : 11 po. 9 l.

28. *Fourcy (Henri de), président au parlement de Paris.*

Vu de trois quarts, tourné à gauche et regardant
de face, ce personnage est représenté dans une bordure ovale armoriée à sa base, et sur laquelle on lit :
HENRICVS DE FOVRCY EQVES IN SVPREMA
CVRIA SENATOR ET PRÆSES.

Sur l'appui : *Antonius Masson ad viuum pinge-bat, et sculpebat an.* 1679.

Hauteur : 12 po. 9 l. Largeur : 10 po.

29. *François-Marie, doge de Gênes.*

Ce personnage, de la famille *Imperiali*, vint faire les soumissions de la république de Gênes à Louis XIV, le 15 mai 1685. Il est représenté vu de trois quarts, tourné à gauche et regardant de face, dans une bordure ovale. Le fond est blanc.

Autour de la bordure, en bas, on lit : *Ant.^{us} Masson. Sulp. parisijs.* 1685 ; et au bas de la planche : *François Marie Doge De La Serenissime Repuplique de Genes.*

Hauteur : 8 po. 6 l. Largeur : 6 po. 5 l.

On connaît deux états de cette planche :
I. Avant la lettre. — *Très rare.*
II. C'est celui décrit. — *Rare.*

30. *Frédéric-Guillaume, dit le Grand, électeur de Brandebourg.*

Il est représenté en cuirasse, vu de trois quarts, tourné à droite et regardant de face, dans une bordure ovale sur laquelle on lit : FRIDERIC . GUIL-LAVME . PAR . LA . GRACE . DE . DIEU . ELEC-TEUR . DE . BRANDENBOURG . DUC . DE . PRUSSE . DE . MAGDEBOURG . DE . CLEUE . DE . POMERA-NIE . &c.

Sur la tablette de l'appui, à gauche : *Ant.^{us} Masson Delineavit ;* et à droite : *et sculpsit parisijs* 1683.

Et au dessous, ces quatre vers en deux colonnes :

Tel est de ce Heros le Port et le Visage,
De l'Empire Germain le soûtien et l'honneur;
Sur les plus grands Césars jl a tout l'Auantage,
Du prix de la Vertu , du prix de la Valeur.

Hauteur : 8 po. 8 l. Largeur : 6 po. 6 l.

31. *Gondrin (Louis-Henri de Pardaillan de),* *archevéque de Sens.*

Décoré de la croix pastorale, il est vu de face, où il regarde, ayant devant lui un appui orné d'un écusson armorié tombant dans la marge, où se lisent ces mots : *offerebat Carolus Nicolaus Taffoureau de Fontaine Senonicus. Ant. Masson ad viuum Pinxit et sculp.* 1673.

Hauteur : 14 po. 9 l. Largeur : 11 po. 8 l.

On connaît deux états de cette planche :
I. C'est celui décrit.
II. Au bas de la marge, à droite, on lit : *E. Desrochers ex.*

32. *Guise (Marie de Lorraine, duchesse de),* *princesse de Joinville.*

Petite-fille du *Balafré,* cette princesse, qui ne contracta point d'alliance, est représentée presque de face, où elle regarde, et dirigée à gauche, dans une bordure ovale ornée, à sa base, d'un cartouche emblématique portant cette devise : SUCCISAS DAT CONJECTARE SUPERSTES. Elle est coiffée en cheveux et couverte d'un manteau enrichi de fourrure, qui laisse voir le haut de son corset de brocart et le haut de sa chemise, d'un fin tissu, fermée au dessous du cou par une coulisse.

Sur la plate-bande ombrée de la bordure, on lit :

MARIE DE LORRAINE DVCHESSE DE GVISE PRINCESSE DE JOINVIL^{LE}

Et sur la tablette de l'appui, à gauche : *Petrus Mignard Pinxit.*; et à droite : *Ant^{us} Masson Delineavit et sculpsit Parisijs 1684. — Belle pièce.*

Hauteur : 11 po. 10 l. Largeur : 8 po. 4 l.

On connaît cinq états de cette planche :
I. Avant la bordure. — *Très rare.*
II. Avec la bordure commencée. — *Très rare aussi.*
III. Fini ; c'est celui décrit. — *Rare.*
IV. Avec le mot *Roma* suivi d'un point et d'une figure de lapin, à la suite du mot *Pinxit.* — *Commun.*
V. Le point après le mot *Pinxit.* est évidé en forme de zéro, le lapin est précédé de deux points pareillement évidés, et deux autres points semblables suivent l'année 1684. — *Plus commun encore.*

33. *Gwinn (Hélène), maîtresse de Charles II.*

Elle est couchée dans un parterre émaillé de fleurs, sous une tente qui se voit à gauche, et dont un des rideaux est soutenu par l'un de ses enfans sous les traits de l'Amour ; elle regarde à la droite du haut, où son autre enfant, sous les traits d'un second Amour, lui apparaît tenant un brandon. Dans le fond de la droite, le roi se promène au devant de son palais, et un page porte la queue de son manteau.

Dans la marge on lit cette inscription incorrecte : *Madame Ellen Groinn and Her troo Sons, Charles Earl of Beaufort and James* LORD *Beauclaire. Henry Gascar Pinxit.*

Pièce rare, qui ne porte pas le nom de Masson, mais qui est incontestablement de lui.

Largeur : 15 po. 11 l. Hauteur : 13 po., y compris 2 po. de marge.

On connaît deux états de cette planche :
I. C'est celui décrit. — *Très rare.*
II. Le nom du peintre effacé. — *Rare.*

34. *Harcourt (Henri de Lorraine , comte d'), grand-écuyer de France.*

Pièce connue sous le nom de *Cadet à la Perle,* dans laquelle le personnage est représenté vu jusqu'aux genoux et cuirassé ; la longue chevelure bouclée dont sa tête est ornée laisse voir une *perle* qu'il a à l'oreille gauche, et qui descend sur la fraise de dentelle qui couvre le haut de son armure et partie du cordon de l'ordre du Saint-Esprit, dont il est décoré ; le pan du nœud de l'écharpe blanche qui lui ceint le corps retombe sur son épée et n'en laisse voir que la garde ; le comte, debout près d'une table couverte où sont et deux brassards et un casque lauré ombragé d'un panache, tient à la main gauche le bâton de commandement, et de l'autre un des brassards ; un monument dont l'entablement est surmonté par la naissance d'une voûte occupe la gauche du fond ; au dessus de l'entablement, l'inscription en trois lignes : N. MIGNARD AVENI. PIN . ANTO . MASSON SCVLP. 1667. Le surplus de la composition offre une vaste campagne ; on y aperçoit des tentes et, dans l'éloignement, un fort incendié.

Dans la marge, l'écu des armes de la maison de Lorraine, aux deux côtés duquel se lisent, en deux colonnes, les vers suivans :

L'Honneur qu'il s'est acquis est sy grand et sy juste
Et l'on aura pour luy tant d'estime et d'Amour
Que comme les grands Roys prennent le nom d'Auguste
Les plus fameux heros prendront celui d'Harcour.

Au dessous, à gauche, et tout au bas : *Ce vend a Paris chez nicolas de Poilly rue S*^t. *Iacques à la belle Image avec Priuilege du Roy.—Chef-d'œuvre du maître.*

Hauteur : 20 po. 6 l., y compris la marge du bas et celle du haut, où les travaux du fond ont été continués jusqu'au bord de la planche. Largeur : 15 po.

On connaît trois états de cette planche :

I. Avant le chiffre 4 dans la marge du côté gauche, à 2 po. 7 l. en contre-bas de la partie supérieure du bord de la planche, et près du trait carré du haut de l'entablement qu'on voit de ce côté. — *Rare.*

II. Avec le chiffre 4, mais avant la retouche.

III. Retouché. Cet état se reconnaît à une taille échappée sur le fond près des cheveux, au sommet de la tête. Le chiffre 4 ne s'aperçoit plus.

35. *Harlay de Chanvallon (François de),* *archevêque de Paris.*

Il est vu de trois quarts, décoré de l'ordre du Saint-Esprit, tourné à gauche et regardant de face dans une bordure ovale, sur laquelle on lit : FRAN-CISCVS DE HARLAY ARCHIEPIS. PARISIENSIS REG^M. ORD^M. COMMENDATOR DVX ET PAR FRANCIÆ. *Ant. Masson, ad viuum Pingebat et*

sculpebat . Parisijs . 1684 . *C. P . R.* Planche dont
les angles sont tronqués.

Hauteur : 20 po. 8 l. Largeur : 17 po. 10 l.

On connaît deux états de cette planche :
I. Avant la lettre.
II. C'est celui décrit.

36. *Helyot (Marie Herinx, femme de Claude).*

Cette dame, dont le père Crasset, jésuite, a publié
la vie, avait épousé M. Claude Helyot, conseiller à
la cour des aides, et mourut en odeur de sainteté.
Elle est vue presque de face, où elle regarde, et
légèrement tournée à droite, dans une bordure ovale.
Sur la tablette de l'appui : *Ant^{us} Masson sculp.*
1683; et plus bas : **LE VRAY PORTRAIT** *de Ma-
damè Helyot décédée à Paris le 3e jour de Mars
de l'année* 1682, *âgée de 37 ans.*

Hauteur : 5 po. 8 l. Largeur : 3 po. 8 l.

37. *Housset (Claude du), marquis de Trichâteau,
chancelier de M. le duc d'Orléans, frère unique
du roi.*

Il est représenté vu de trois quarts, tourné à
gauche et regardant de face, dans une bordure
ovale sur laquelle on lit : **CLAVDIVS DV HOVS-
SET MARCHIO DE TRICHASTEAV REGIS
VNICI FRATRIS CANCELLARIUS.** *Ant. Masson.
ad. viuum. Pingebat et sculpebat. Cum P . R.* 1681.

Hauteur : 18 po. 11 l. Largeur : 16 po.

38. *Lamoignon (Guillaume de), marquis de Bas-ville, premier président du parlement de Paris.*

Cet illustre magistrat, qui fut, parmi les pre-miers présidens, ce que d'Aguesseau fut ensuite parmi les chanceliers de France, est représenté vu de trois quarts, tourné à gauche et regardant de face, dans une bordure ovale, sur laquelle on lit : GVIL-LELMVS DE LA MOIGNON SENATVS PRIN-CEPS. *Ant Masson ad viuum pingebat sculpebat et excudebat* 1675.

Sur une draperie, au bas : *Offerebat Eustachius Augustus de Lesseuille.*

Hauteur : 20 po. 8 l. Largeur : 17 p. 5 l.

39. *Lamoignon (Nicolas de), comte de Courson, maître des requêtes.*

Petit-fils du précédent, il est vu de trois quarts, tourné à droite et regardant de face, dans une bor-dure ovale, sur laquelle on lit : NICOLAVS DE LAMOIGNON COMES *de* COVRSON &c LIBEL-LOR . SVPPLIC . MAG^R *Antonius Masson ad vi-uum Pingebat et sculpebat* 1676.

Hauteur : 14 po. 10 l. Largeur : 11 po. 9 l.

On connaît deux états de cette planche :
I. Avant la lettre.
II. C'est celui décrit.

40. *Lesseville (Charles Le Clerc de), doyen du grand conseil.*

Il est vu presque de face, où il regarde, et tourné à droite, dans une bordure ovale armoriée à sa base,

et sur laquelle on lit : CAROLVS DE LESSEVILLE
IN SVPREMA SVBSIDI . CVRIA SENATOR. *Ant.
Masson ad viuum pingebat et sculp.*

Hauteur : 15 po. Largeur : 12 po. 2 l.

On connaît deux états de cette planche :
I. Avant toute lettre.
II. C'est celui décrit.

41. *Louis XIV.*

Buste lauré de Louis XIV, sur un piédouche posé
sur une table. Il est tourné à gauche et regarde de
face. A gauche, naît une guirlande de palmes dont
l'une des branches s'élève à droite.

Sur le soubassement du piédouche on lit : *Ant.
Masson sul.*

Ce buste est dans un ovale irrégulier, teinté de
traits horizontaux; mais le fond du reste de la
planche est blanc, à l'exception de quelques travaux
à gauche, qui semblent indiquer une seconde branche
de palmes et peut-être un autre buste, pendant du
précédent, la seule épreuve que nous ayons vue n'é-
tant pas dans son intégrité. — *Pièce rarissime.*

Hauteur du buste : 3 po. 5 l. Largeur : 3 po. 2 l.
Dimension du fragment vu :
Hauteur : 5 po. Largeur : 3 po. 9 l.

42. *Louis XIV.*

Il est debout, au milieu de l'estampe, dont le fond
est blanc, vêtu d'un habit de brocart et la tête couverte du chapeau à plumes, le corps tourné à droite,
où le roi fait une indication d'une main, l'autre étant
appuyée sur la garde de son épée; il regarde de face.

Ce portrait a été gravé pour les Modes de Jean *Dieu* dit *Jean de Saint-Jean.*

Dans la marge, près du trait carré, à gauche : *dessiné et Graué Par Ant.ᵉ Masson ;* au milieu : *Le Roy ;* et au dessous : *Se Vend a Paris rüe S.ᵗ Germain de lauxerois Proche lespée de Bois Auec. Priuilege Du Roy.* 1697.

Hauteur : 11 po. 2 l., y compris 11 l. de marge. Largeur : 7 po. 2 l.

43. *Louis XIV.*

Il est vu presque de face, la tête tournée à droite, où il regarde dans un ovale bordé d'une couronne de laurier, décoré, à sa base, de l'écu de France couronné, d'où partent deux branches de lis. Les trompettes de la renommée ornent les angles du haut.

Sur le soubassement, à gauche : *Carol. le Brun pinxit ;* et à droite : *Ant. Masson sculpebat.*

Hauteur : 13 po. 1 l. Largeur : 9 po. 8 l.

44. *Louis XIV.*

Vu presque de face où il regarde, et tourné à gauche, Louis XIV est représenté dans une bordure ovale, sur laquelle on lit : LVDOVICVS XIIII. DEI . GRA . FRANCIÆ ET NAVARRÆ REX CHRISTIANISSIMVS . *C. le Brun Pinxit Ant. Masson sculp.* 1679. OFFEREBAT HVMILLIMVS SVBDITVS GABRIEL IOSEPHVS DESTRADES

Hauteur : 21 po. 4 l. Largeur : 17 po. 9 l.

45. *Louis XIV.*

Buste, plus fort que nature, du grand roi, tête nue, tourné à droite et regardant de face dans une bordure ovale de laurier, dont les angles sont décorés de quatre médaillons emblématiques.

Au bas de la bordure : *Offerebat humil subd. Ludouicus d'Artaignant* 1676 ; et aux deux côtés : *Ant. Masson raptim ad viuum faciebat felici?. expressur?, si comin' Intueri licuisset.*

Hauteur : 23 po. Largeur : 19 po.

On connaît deux états de cette planche :
I. C'est celui décrit.
II. La planche diminuée ; elle ne porte plus que 22 po. 4 l. de haut, sur 18 po. 4 l. de marge. D'ailleurs, la composition est changée au point de laisser croire que c'est une autre planche. Ainsi, la tête du roi est couverte d'un chapeau, les médaillons emblématiques sont disparus, et leur emplacement couvert de travaux horizontaux ; l'inscription du premier état a été effacée ; on lit au bas : *Louis le Grand*, et en dedans de la bordure, à droite : *Ant Masson Ad. Vium Fecit* 1687.

46. *Louis, fils de France, dauphin.*

Fils de Louis XIV, ce prince est vu de face, la tête, couverte d'un chapeau, tournée à droite, où il regarde dans une bordure ovale, sur laquelle on lit : LVDOVICVS DELPHINVS LVDOVICI MAGNI FIL. OFFEREBAT HVMILLIMVS SERVVS CLAVDIVS DE RIANTZ. *Ant.*[ius] *Masson ad viuum pingebat et sculpebat Cum priuil. Regis* 1680.

Hauteur : 21 po. 3 l. Largeur : 18 po. 1 l.

On connaît deux états de cette planche :

I. La tête est nue.

II. Elle est couverte d'un chapeau.

47. *Louis-Auguste, duc du Maine, colonel-général des Suisses et Grisons.*

Ce fils naturel de Louis XIV et de madame de Montespan est représenté vu de face, où il regarde, et tourné à gauche, dans une bordure ovale, posée sur des trophées d'armes. Les angles de la planche sont ornés d'écussons armoriés et de devises emblématiques. Sur la bordure on lit : LVDOVICVS AV-GVSTVS DVX CENOM GENERAL HELVET RHÆTOR . OZ . PRÆFECTVS . *Offerebat humillim' & obsequent⁽ᵐ⁾ seruus Joan. Bapt. Viette de Vrainnes Parisinus.*

Autour d'un bouclier : *Ant. Masson ad viuum ping. et sculpebat;* et, sur un canon : *an* 1677.

Hauteur : 17 po. 6 l. Largeur : 13 po. 1 l.

48. *Marie-Anne-Victoire de Bavière, dauphine de France.*

Madame la dauphine est vue de trois quarts, dirigée à gauche et regardant de face, dans une bordure ovale, dont les angles sont fleurdelisés, et sur laquelle on lit : MARIE ANNE VICTOIRE DE BAVIERES DAVFINE DE FRANCE. *Ant. Masson. sculp. Ad. viuum. C. P. R.* 1680. *Ce vend, à Paris, Chez l'Auteur, Sur le quay des Augustins. a limage S.ᵗ Louis.*

Hauteur : 17 po. 10 l. Largeur : 15 po. 5 l.

49. *Marie-Thérèse d'Autriche, reine de France.*

La fille de Philippe IV, roi d'Espagne, qui devint reine de France par son mariage avec Louis XIV, en 1660, est représentée vue de trois quarts, tournée à droite et regardant de face, vêtue du manteau royal et la tête couronnée, dans une bordure ovale, dont les angles sont fleurdelisés, et sur laquelle on lit : MARIA THERESIA AVSTRIACA D . G . FRANCORVM ET NAVARRÆ.ᴹ REGINA. *N. Mignard Auenionensis Pinxit~ Ant Masson sculpebat~ Cum Priuilegio Regis 1664~ ».*

Hauteur : 18 po. Largeur : 15 po. 6 l.

50. *Marin de la Châtaigneraye (Denis),*
secrétaire du roi.

Vu de trois quarts et tourné à gauche, il avance la tête et regarde à droite, dans une bordure ovale, armoriée à sa base, et sur laquelle on lit : DIONISIVS MARIN . REGI A . SECRETIS Eᴛ ÆRARII COMES. *Ant. Masson ad viuum Pinxit et sculp.* 1672.

Dans les angles du bas : *Offerebat Joannes De Roux de Pontmorg.*

Hauteur : 17 po. 3 l., y compris 6 l. de marge. Largeur : 13 po.

On connaît deux états de cette planche.

I. Avant la lettre.

II. C'est celui décrit.

51. *Medavy (François Rouxel de), archevêque de
Rouen.*

Il est vu presque de face, où il regarde, tourné à
gauche, et décoré de la croix pastorale, dans une
bordure ovale, armoriée au bas, et sur laquelle on
lit : FRANCISCVS ROVXEL DE MEDAVY AR-
CHIEPISCOPVS ROTHOMAGENSIS NEVSTRLÆ
PRIMAS. *Ant.ᵘˢ Masson . ad . viuum pingebat et
sculpebat Cum P . R.* 1677.

Et dans les angles du bas : *Offerebat harduinus
Rouxel de medauy.*

Hauteur : 17 po. Largeur : 12 po. 9 l.

On connaît deux états de cette planche ;
I. Avant la lettre.
II. C'est celui décrit.

52. *Mesmes (Jean-Jacques de).*

Plus connu sous le nom de comte d'Avaux, cet
homme illustre, qui fut magistrat intègre, négocia-
teur adroit et prudent, ayant su concilier la probité
avec la politique, le père des pauvres et le consola-
teur des malheureux, est représenté vu de trois
quarts, tourné à gauche et regardant de face, décoré
de l'ordre du Saint-Esprit, dans une bordure ovale
sur laquelle on lit : IOANNES IACOBVS DE MES-
MES COMES D'AVAVX, IN SVPREMO GAL-
LIARVM SENATV PRÆSES ET REGIORVM
ORDINVM COMMENDATOR. OFFEREBAT F. ALIPIUS
DE VACHIÈRES AVG BRIGNONIENSIS. *Ant. Masson ad.
viuum pingebat et sculpebat Parisijs.* 1683. *C.
P. R.*

Hauteur : 15 po. 11 l. Largeur : 12 po. 11 l.

On connaît deux états de cette planche :

I. C'est celui décrit.

II. Au lieu de : F. ALIPIUS DE VACHIERES, on lit : IOSEPHVS CHEVALLIER.

53. *Milleran (René)*.

Il est vu de trois quarts, tourné à droite et regardant de face, dans une bordure ovale, sur laquelle on lit : RENÉ MILLERAN DE SAUMUR, PROFESSEUR DES LANGUES ET INTERPRETTE DU ROI EN LA COUR DU PARLEM.^T DE PARIS.

Sur l'appui : *Ant. Masson ad viuum Pinxit et sculp. Parisiis* 1688.

Et, sur une draperie, au bas :

Vous étes obligé lecteur
De rendre hommage à cet auteur.
Sa Grammaire enseigne à bien dire,
Et ses Lettres à bien écrire

> *Par Mr de Liniers.*

Hauteur : 5 po. Largeur : 3 po. 2 l.

On connaît deux états de cette planche :

I. Avant la lettre.

II. C'est celui décrit.

54. *Nicolaï (Nicolas de)*, *premier président de la chambre des comptes*.

Vu de trois quarts et tourné à gauche, il regarde de face, dans une bordure ovale, armoriée au bas, et sur laquelle on lit : NICOLAVS DE NICOLAI REGIARVM RATIONVM SENATVS PRINCEPS.

Et sur la tablette de l'appui : *Ant. Masson effigiem ad uiuum delineauit et sculpsit* 1666.

Hauteur : 12 po. 8 l. ? Largeur : 9 po. 8 l.

On connaît deux états de cette planche :
I. Les armoiries ne sont pas terminées.
II. Les armoiries sont achevées.

55. *Nostre (André Le)*.

Il est vu presque de face et tourne la tête à gauche, où il regarde en faisant une indication du côté opposé. Dans une forme carrée.

Dans la marge : *André Le Nostre, Con.er du Roy, Controlleur general ancien des Bastimens de Sa Ma.té Jardins, Arts et Manufactures de France.*

Et, plus bas, à gauche : *Peint par Carle Marat ad viuum;* et à droite : *Masson del. et sculp.*

Hauteur : 16 po., y compris 8 l. de marge. Largeur : 12 po. 8 l.

On connaît cinq états de cette planche :
I. Avant la lettre.
II. Avant le titre de *Ch.er. de l'ordre de S.t. Michel*, et avec les mots : *Parisiis* 1692.
III. Avant le titre en question, mais les mots : *Parisiis* 1692, ont été effacés; c'est celui décrit.
IV. Avec le titre en question, après le nom du personnage.
V. Les noms du peintre et du graveur, écrits comme il suit au bas de la marge, savoir, à gauche : *Pint par Carle Marat;* et à droite : *Masson del & scup. ad viuum.*

56. *Novion (Nicolas Potier de), premier président au parlement de Paris.*

Décoré de l'ordre du Saint-Esprit, il est représenté vu de trois quarts, tourné à droite et regardant de face, dans une bordure ovale, sur laquelle on lit :

NICOLAVS POTIER DE NOVION . SENATVS
PRINCEPS. OFFEREBAT OBSEQVENTISSIMVS CLAVDIVS
HENRICVS VINCENT PARISINVS — *Ant^{us} Masson ad vi-
uum Pingebat et sculpebat* 1679 *Au Reg.*

Hauteur : 18 po. 9 l. Largeur : 15 po. 3 l.

On connaît deux états de cette planche :
I. Avant la lettre.
II. C'est celui décrit.

57. *Orléans (Philippe de France, duc d').*

Le second fils de Louis XIII et d'Anne d'Autriche
est représenté, tourné à gauche et regardant de face,
dans une bordure ovale, sur laquelle on lit : PHI-
LIPPE FIS DE FRANCE DVC DORLE^s FRERE
VNIOVE DV ROY LOVIS XIIII.
Sur le fond, à gauche : ANT. MASSON FECIT.

Hauteur : 19 po. 6 l. Largeur : 16 po. 6 l.

58. *Ormesson (Olivier Le Fèvre d'), conseiller au parlement de Paris et maître des requêtes.*

Ce magistrat, qui fut regardé comme l'un des
plus intègres de la cour de Louis XIV, est représenté vu de trois quarts, tourné à droite et regardant de face, dans une bordure ovale ornée, à sa
base, d'un écusson d'armes d'où partent des branches de lis et d'olivier, et sur laquelle on lit : OLI-
VARIVS LE FEVRE D'ORMESSON COMES CON-
SIST . LIBELLOR . SVPPLIC . MAGISTER.
Sur l'appui : *Ant. Masson ad Viuum, Pinge. et
sculpebat* 1665. — *Belle pièce;*

Hauteur : 13 po. 5 l. Largeur : 9 po. 9 l.

On connaît deux états de cette planche :

I. La figure moins travaillée ; la chevelure frisée forme un arc symétrique au dessus des sourcils qui s'en trouvent éloignés de quatre lignes.

II. Achevé ; des mèches de cheveux tombent d'une façon pittoresque , à peu près sur les sourcils.

59. *Patin (Gui)*.

Savant médecin et bon littérateur, ce personnage est vu de face, où il regarde, la tête tournée à gauche. Dans une forme carrée.

On lit dans la marge, à gauche : *Ant. Masson ad viuum ping. et scul. 1670.* ; à droite : *à Paris rue S*. *Germain de l'Auxerrois Proche lespée de Bois ;* et au milieu : *M*. *Guido Patin doctor medicus parisiensis medicus et professor Regius*~

Hauteur : 8 po. 3 l., y compris 11 L. de marge. Largeur : 6 po. 5 l.

On connaît trois états de cette planche :
I. Avant la lettre.
II. Avant l'adresse du graveur.
III. C'est celui décrit.

60. *Patin (Charles)*.

Le célèbre fils de Gui Patin est vu de trois quarts, regardant de face et tourné à droite, où il s'appuie de ses deux mains sur un piédestal.

Au bas de la droite, on lit, de haut en bas : *A Masson in et sculp.*

Hauteur : 9 po. 7 l. Largeur : 7 po. 2 l.

On rencontre des épreuves de ce morceau, où se

voit, en bas, l'empreinte d'une planche accessoire, de 2 po. 1 l. de haut, sur laquelle on lit :

> *In effigiem. V. C. Caroli Patin Doct. Med. Par.*
> *Numismatum. Impp. Interpretis egregij.*
> *Cæsareos qui non patitur vanescere vultus,*
> *Effigie notus debuit esse sua :*
> *Hic est qui geminas Phœbi complectitur artes,*
> *Arte iuuat Musas, et leuat arte febres.*
>
> FRANC. OGERIVS.

61. *Péréfixe (Hardouin de Beaumont de), archevêque de Paris.*

Il est vu de trois quarts, tourné à gauche, régardant de face et décoré de l'ordre du Saint-Esprit, dans un médaillon, bordé d'une couronne d'olivier, avec banderolles, posé sur un socle armorié.

Sur la tablette de ce socle, on lit, à gauche : *N. Mignard Auenionensis Pinxit.;* et à droite : *Ant. Masson sculpebat* 1664~

Hauteur : 14 p. 2 l. Largeur : 11 po. 7 l.

On connaît deux états de cette planche :

I. C'est celui décrit.

II. Sur la bordure on lit : HARDOUIN DE PEREFIXE *Mort à Paris, le* 31 *décembre* 1670.

62. *Pussort (Henri de), conseiller d'état, doyen du conseil et membre du conseil royal des Finances.*

Ce personnage, qui était oncle du grand Colbert, est vu de trois quarts, tourné à droite et regardant de face, dans une bordure ovale, sur laquelle on lit : HENRICVS PVSSORT COMES CONSISTORIA-

NVS ET E REGALI CONSILIO NEC NON BARO
S.^{TI} MARTINI AB VLMIS . OFFEREBAT MICHAEL
MANEL PARISINVS. *Ant. Masson pingebat et scul-
pebat* 1675.

Hauteur : 19 po. 7 l. Largeur : 16 po. 3 l.

63. *Roquette (Gabriel de), évêque d'Autun.*

Ce prélat, d'après lequel on prétend que Molière
peignit son Tartufe (1), est représenté vu de trois
quarts, tourné à gauche et regardant de face, dans
une bordure ovale, armoriée à sa base, et sur laquelle
on lit : GABRIEL . DE ROQVETTE EPISCOPVS
ÆDVENSIS . *Masson ad viuum pin et sculpcit.*

Hauteur : 17 po. 5 l. Largeur : 13 po. 1 l.

64. *Sacy (Isaac-Louis Le Maistre de).*

Directeur de Port-Royal, traducteur de la Bible
et neveu du grand Arnaud. Il est représenté vu de
trois quarts, tourné à droite et regardant de face,
dans une bordure ovale, sur laquelle on lit : ISAAC
LOUIS LE MAISTRE DE SACY PRESTRE DÉ-
CEDE LE IV IANVIER M . DC . LXXXIV . AGÉ
DE LXXI . ANS.

Sur un soubassement : *Nanteüil Pinxit. Ant.
Masson delin . et sculpsit* . 1684 . *A Paris Chez N.
Langlois rue St Iacques a la victoire. Auec Pri-
vilege.*

---

(1) C'est sur lui qu'on fit la célèbre épigramme :

On dit que l'abbé Roquette
Prêche les sermons d'autrui ;
Moi, qui sais qu'il les achette,
Je soutiens qu'ils sont à lui.

Il fut grave, humble, doux, sage dés son enfance,
Il aima l'oraison l'étude, le silence,
Ni les biens ni les maux n'ebranlerent sa foy :
Dans le sacré repos d'une sainte retraite
Il goûta le Seigneur, se remplit de sa loy,
Et fut de sa parole un fidele interprete.

Hauteur : 5 po. 9 l. Largeur : 3 po. 10 l.

On connaît deux états de cette planche :
I. C'est celui décrit.
II. L'année 1684, est remplacée par 1685.

65. *Turenne (Henri de la Tour d'Auvergne, vicomte de).*

Ce grand homme est vu de trois quarts, tourné à gauche et regardant du côté opposé, dans une bordure ovale, sur laquelle on lit : HENRICVS DE LA TOVR D'AVVERGNE PRIN . ET VICECOMES DE TVRENNE &c. *Ant. Masson ad viuum Pingebat et sculpebat* 1669 . *C. P. R.*

Dans les angles du bas : *Gratulando offerebat hum.s᷉ Eccl. Catholicæ dionysius Cheron.*

Hauteur : 18 po. 1 l. Largeur : 15 po. 3 l.

66. *Turgot de Saint-Clair (Antoine), maître des requétes.*

Vu de trois quarts, tourné à gauche, il regarde de face, dans une bordure ovale décorée, au bas, d'un écusson armorié, d'où partent des branches de lis et d'olivier, et sur laquelle on lit : ANTONIVS TVRGOT . D . D . DE Sᵀ CLAIR LIBELLORVM SVPLICVM IN REGIA MAGISTER.

Sur la tablette du soubassement : *Ant. Masson ad viuum . faciebat* 1668.

Hauteur : 13 po. Largeur : 10 po. 2 l.

67. *Vendôme (Louis, duc de).*

Petit-fils de Henri IV et père du célèbre duc de Vendôme à qui la France dut des victoires et Philippe V sa couronne, il est représenté vu presque de face, où il regarde, et tourné à gauche, dans une bordure ovale, décorée, à sa base, d'un écusson armorié environné de branches de lis et de laurier, ornée, au haut, des trompettes de la Renommée, et sur laquelle on lit : LOVIS DVC DE VANDOSME.

Sur le renfoncement de l'appui : *P. Mignard pinxit Trecensis. Ant. Masson sculpsit.*

Hauteur : 13 po. 11 l. Largeur : 10 po. 9 l.

68. *Vernage (Bernard de)*, chanoine de Saint-Quentin.

Il est vu de trois quarts, dirigé à droite et regardant de face, dans une bordure ovale, armoriée à sa base, et sur laquelle on lit : BERN. DE VERNAGE PRESB. DOCTOR THEOLOG. REGALIS ECCLESIÆ SAN. QVINTINI CANON.

Sur le soubassement : *Ant. Masson. ad viuum Pingebat et sculpeba* 1698.

Hauteur : 4 po. 6 l. Largeur : 3 po.

PATEL, LE PÈRE.

Cet artiste naquit à Paris en 1648, selon les uns, et selon d'autres, en 1654.

Félibien nous dit qu'il a peint de très agréables paysages d'une manière finie, mais un peu sèche. Il aurait pu ajouter qu'il rendait bien l'architecture, que son coloris était brillant et séducteur, et que Claude le Lorrain lui revenait sans cesse à l'esprit.

D'Argénville et d'autres écrivains postérieurs disent que PATEL peignait le paysage dans les tableaux du célèbre Le Sueur. Cela ne peut s'entendre que d'un homonyme, dont il est étonnant que l'histoire de l'art n'ait conservé d'autre souvenir, car notre artiste avait tout au plus dix ans à l'époque où Le Sueur cessa de vivre.

Ayant péri dans un duel en 1703, Patel le père, pour distinguer ses productions de celles de son fils, qui suivit son genre avec une assez grande infériorité de talent, fut connu parmi les amateurs et les marchands, sous le titre de Patel *le tué* ou de *bon* Patel.

La plupart de ses tableaux sont signés de son nom, suivi de l'année, et précédé d'un monogramme, composé des lettres A P T comme nous le rapportons n. 8.

Ce monogramme établit qu'il avait plusieurs prénoms, et que ceux de *Pierre* ou de *Paul*, que lui attribuent différens écrivains, ne pouvaient lui convenir uniquement.

Nous devons à sa pointe extrêmement gracieuse et légère, mais pourtant assez indécise dans ses effets, les estampes ci-après, dans lesquelles son monogramme diffère un peu de celui de ses tableaux.

OEUVRE

DE

PATEL, LE PÈRE.

---

1. *Les Ruines.*

La droite de ce morceau offre des ruines d'architecture, au pied desquelles, vers la gauche, coule une rivière. Au delà de cette rivière on aperçoit les restes d'une ville et une pyramide. Ce paysage est animé de deux personnes, l'une assise, l'autre debout, sur le premier plan, et de deux figures, au fond, à gauche.

Dans la marge, de ce dernier côté : AP. PATEL. IN . FECIT.

Largeur : 3 po. 1 o l. Hauteur : 2 po. 8 l., y compris 2 l. de marge.

2. *La Forêt.*

Une forêt richement boisée occupe la droite de ce morceau et s'étend vers la gauche, aux deux tiers de la largeur de la planche. Un homme à cheval, au milieu du bas, accompagné d'un voyageur à pied, suit un chariot, attelé d'un cheval, qui se dirige, à gauche, sur un chemin rocailleux conduisant, en pentes escarpées, à une ville occupant le fond de ce côté, laquelle est ornée d'édifices somptueux.

Dans la marge, à gauche : *DÉDIÉ au petit Bachus alias Vallée* (1); et à droite : *AP . PATEL, in et fecite.*

Largeur : 7 po. 10 l. Hauteur : 4 po. 11 l., y compris 3 l. de marge.

---

(1) Nous croyons que le *Vallée* de cette dédicace, n'est autre que Simon Vallée, graveur au burin, contemporain de notre artiste, qui, semblable peut-être à Michel Lasne, ne travaillait bien qu'entre deux vins.

BON DE BOULOGNE.

Fils aîné de Louis de Boulogne, dont nous avons décrit l'œuvre dans le premier volume de cet ouvrage, Bon de Boulogne naquit à Paris en 1649.

Élève de son père, il partit de bonne heure pour Rome, où, comme pensionnaire du roi, il séjourna pendant cinq ans. Il excella dans l'histoire et le portrait, et surtout dans les pastiches, ayant possédé le talent d'imiter les grands maîtres, au point de tromper les plus fins connaisseurs.

Membre de l'Académie royale en 1677, il ne tarda pas à en être élu professeur.

Parmi les ouvrages publics, dont il fut successivement chargé, on remarque toujours, comme pourvues d'un attrait puissant, les chapelles de Saint-Jérôme et de Saint-Ambroise de l'église royale des Invalides, qu'il peignit à fresque avec une grande supériorité de talent.

Il mourut à Paris, le 16 mai 1717.

Nous devons à sa pointe un peu forte, mais énergique et pleine de feu, les trois estampes ci-après, dans lesquelles de savans coups de burin ont mis de l'accord dans les parties qui en étaient susceptibles.

OEUVRE

DE

BON DE BOULOGNE.

---

1. *Saint Jean dans le désert.*

Le saint est debout, au milieu de l'estampe, et vu de face. Il semble prêcher, en tendant une main en avant ; de l'autre, il tient sa croix, sur la banderolle de laquelle on lit : *POENITENTIAM AGITE APPROPINQUAVIT ENIM REGNŨ CÆLORUM.*

Sur une pierre, au bas de la gauche : *Boulogne Laisné Pinx et fecit,* comme nous le rapportons n° 9.

Hauteur : 17 po. Largeur : 12 po.

2. *Saint Bruno.*

Il est agenouillé au bas de la gauche, tenant une tête de mort posée sur un tertre. Il regarde, avec un saint recueillement, le signe de la rédemption, que deux anges supportent au haut de la droite, au dessus de deux autres anges posés sur un nuage. Trois chérubins planent au milieu du haut, à côté de la cime de deux grands arbres qui s'élèvent derrière le saint.

Au milieu du bas : *Peint et gravé par Boulogne*

*l'ainé. auec Priuil. du Roy. Ce vend Chez l'au-
theur rue Ste Anne bute S^t. Roch.*

Au dessous de cette planche, se voit l'empreinte
d'une planche accessoire, sur laquelle on lit : *Ardet
amans Bruno....,* suivis de la dédicace, en latin,
que l'auteur fit de ce morceau à Charles-François
Maurin, prieur des chartreux de Paris.

Hauteur de la planche principale : 21 po. 4 l. Largeur :
16 po. 6 l.

3. *Pièce satirique.*

Ce morceau, selon M. d'Argenville, fut fait pour
l'Almanach de 1694. L'artiste, piqué contre l'auteur
du *Mercure galant,* qui avait mal parlé des peintres, des sculpteurs et des poètes du temps, le représenta sous la figure de Mercure. Les deux Muses de
la Peinture et de la Sculpture le fouettent, pendant
que la Poésie lie une poignée de verges pour mieux
recommencer. On lit, au bas, cette inscription : *Ah,
ah! galant, vous raisonnez en ignorant.*

Nous n'avons jamais rencontré cette pièce.

LA FAGE.

Les auteurs qui nous ont laissé des notices sur RAYMOND LA FAGE ne s'accordent ni sur les lieux qui le virent naître et mourir, ni sur les dates de sa naissance et de sa mort.

Florent Le Comte, qui était son contemporain, et sous les yeux de qui *Vander Bruggen* publia à Paris en 1689, après la mort de notre artiste, le recueil de ses meilleurs dessins, gravés par *Vermeulen*, *C. Simonneau*, *G. Audran*, *F. Ertenger* et *C. Delahaye*, nous paraît être le seul qui mérite créance ; aussi adoptons-nous ce qu'il dit.

Il le fait naître à l'Isle en Albigeois, département du Tarn, en 1650, et mourir, âgé de 30 ans, en 1684 (1), sans faire connaître en quel lieu. Selon les uns, ce fut à Rome, et selon d'autres, ce fut en France, à Lyon.

Élève de Jean-Pierre Rivalz, peintre et architecte à Toulouse, et condisciple d'Antoine Rivalz, dont nous avons décrit l'œuvre dans le premier volume de cet ouvrage, La Fage quitta bientôt son maître pour aller à Rome, où il séjourna à différentes reprises, étant revenu plusieurs fois en France.

---

(1) Vander Bruggen le fait mourir en la même année, âgé seulement de 28 ans.

Il fut dessinateur de mérite, et ne voulut jamais peindre. Souvent il représenta des sujets libres, où il réussissait mieux que dans les sujets sérieux ; effet sans doute de ses habitudes licencieuses.

Nous devons à sa pointe, aussi légère et badine que l'étaient sa plume et son crayon, les estampes dont nous allons présenter la description ; elles sont si rares, que la plupart manquent dans les collections les plus riches.

De même que nos numéros 3 et de 7 à 20 ont été reproduits en contre-partie dans la collection de *Vander Bruggen*, de même aussi, sans doute, plusieurs pièces de cette collection sont la reproduction d'autres morceaux sortis de la pointe de notre artiste ; mais nous n'avons jamais réussi à voir d'autres pièces que celles ci-après.

OEUVRE

DE

RAYMOND LA FAGE.

SUJETS PIEUX.

1. *La Vierge au berceau.*

La sainte Vierge, agenouillée en avant d'une colonne qui se voit à gauche, caresse amoureusement
son divin fils, debout devant elle au milieu de l'estampe, et qui se hausse pour recevoir ses embrasse-
mens. Le petit saint Jean, tenant sa croix d'une
main et faisant une indication de l'autre, est penché
sur le berceau du sauveur, au bas de la droite. Saint
Joseph est vu en buste derrière la colonne, et le fond
de la droite offre une ville fortifiée, que précède un
bouquet d'arbres. Morceau dans le goût du Guide,
et très joli.

Sur la terrasse, au bas de la droite : *Lafage ᴵᴺ f,*
comme nous le rapportons n° 10.

Hauteur : 4 po. 11 l. Largeur : 3 po. 11 l.

2. *La Vierge au linge.*

L'enfant Jésus dort sur un coussin posé sur une
pierre au bas de l'estampe. D'une main, sa sainte
mère, en demi-figure, le soutient, et de l'autre elle

soulève le linge qui le couvrait, et contemple ses traits. Le fond offre, à droite, l'entrée d'un bois, et, du côté opposé, une porte de ville.

Sur la pierre on lit, à gauche, en caractères retournés : *R Lafage in fec*

Et dans la marge : *EGO DORMIO ET COR MEVM VIGILAT.*

Hauteur : 5 po. 1 l., y compris 1 l. 1|2 de marge. Largeur : 3 po. 11 l.

3. *La Peste des Philistins.*

Les Philistins ayant osé déposer dans le temp e de Dagon, qui occupe le fond de la droite, l'arcae du Seigneur, qu'ils avaient enlevée aux Israélites, sont frappés d'une cruelle maladie, qui en moissonne un grand nombre.

Dans la marge : *La Peste des Philistins.*

Largeur : 9 po. 9 l. Hauteur : 7 po. 9 l., y compris 5 l. de marge.

On connaît trois états de cette planche :

I. Avant les noms de l'artiste et de l'éditeur; c'est celui décrit.

II. Sur la terrasse on lit, savoir, sous une pierre dans l'angle de la gauche : *Lafage fecit;* et au delà, l'adresse de *Gailliard.*

III. Retouché et diminué du bas. La largeur est la même, mais la hauteur n'est plus que de 5 po. On n'y voit plus le titre. En cet état on lit, sur la terrasse, savoir, en deçà de la pierre à gauche : *La fage scul.;* et à droite : *à Paris chez Drevet rue S. jacques.*

SUJETS PROFANES.

4. *La Femme de Candaule.*

La reine de Lydie, entourée de ses femmes, est assise au bord d'un bassin, dans une salle de bain. Gygès, conduit par Candaule, entr'ouvre un rideau à droite, et contemple la reine.

Sur le pavé : *si stampa da Matteo Giudici alle Cesarini* et dans la marge, à droite : *Muns della Fage fecit.*

Hauteur : 3 po. 3 l. Largeur : 2 po. 3 l.

5. *Le Paysage.*

Un cultivateur, debout sur le premier plan, sème une plaine qu'un charretier laboure encore dans le lointain. Le fond présente à gauche une forêt, au milieu une haute montagne en avant de laquelle se voit une fabrique, et à droite un site escarpé et boisé.

Sur la terrasse, à gauche : *Lafage fec.*

Largeur : 2 po. 8 l. Hauteur : 1 po. 11 l.

6. *Le Cartouche.*

Cartouche formé de deux demi-cercles se réunissant au haut par un mufle, et au bas par une tête de chérubin. Extérieurement, à gauche, est une naïade, et du côté opposé un fleuve.

Dans le champ de ce cartouche on lit : *PIERRE BOURDON Maître Graveur à Paris a fait de Nouveaux Livres d'ornemens propre aux Orfèvres, Horlogeurs, Cizeleurs, Graveurs et à toutes per-*

sonnes. Se vendent chez l'Auteur Place Daufine à Paris. Avec Privilege du Roi, 1703.

Au bas de la gauche : *R. Lafage fecit.*

Largeur : 5 po. 1 l. Hauteur : 2 po. 3 l.

On connaît deux états de cette planche :

I. C'est celui décrit.

II. Un cache-lettre a recouvert le champ du cartouche à l'impression, pour tromper les amateurs qui recherchent des épreuves avant la lettre. Le nom du maître a été corrigé, comme nous le ferons voir dans nos planches auxiliaires.

7. *Bacchanale.*

Sur une place décorée dans le fond de monumens d'une riche architecture légèrement indiqués, Pan est entouré de Bacchantes qui le tiennent debout en le tourmentant. D'autres Bacchantes sont groupées à droite et à gauche, et se livrent aux embrasse-mens des Satyres. Le portrait de *La Fage*, surmonté de son chiffre, est porté en guise d'enseigne, dans le milieu du fond.

Au bas, à gauche, en écriture cursive : *Van Merlen.* ; et à droite : *Rome ex.*

Largeur : 9 po. Hauteur : 5 po. 8 l.

8. *Le Triomphe de Bacchus.*

Pendant du morceau précédent, et traité dans le même goût. En avant d'un arc de triomphe qui se voit au fond de la gauche, Bacchus est sur son char, que des éléphans traînent à droite. Le terme de Priape occupe le milieu du fond. Des hommes, des femmes et des enfans en grand nombre, la plu-part dans des attitudes plus qu'équivoques, forment le cortége du dieu du vin. Un Bacchant est étendu, ivre-mort, au bas de la droite.

Sur la terrasse, à gauche : *la fhasie,* et à droite : *Rome ex.*

Largeur : 9 po. Hauteur : 6 po. 7 l.

9. *Le Concert sur les eaux.*

Sur un riche bateau, qui se voit sur les flots, au milieu de l'estampe, Apollon joue de la lyre, et Pan de la syrinx, en accompagnant deux Nymphes qui chantent. Une autre Nymphe nue est assise sur la poupe du bâtiment, et porte la main à un échiquier rempli de poissons, qu'un pêcheur lui présente. Vénus, qui apparaît vers le milieu du haut, semble présider à cette fête ; elle est environnée de divinités subalternes ; des Zéphyrs favorisent de leur souffle la nagivation, un Amour répand des fleurs, et d'autres amours décochent des flèches, dont plusieurs ont atteint les habitans des eaux. Sur le rivage, au bas de la droite, on voit le buste de l'artiste dans un médaillon où on lit *R. Lafage* en lettres retournées, et que surmonte une petite figure de Vénus dans son char.

Dans le coin bas de la gauche : *Rome.*

Largeur : 9 po. 3 l. Hauteur : 6 po. 3 l.

On connaît deux états de cette planche :

I. C'est celui décrit.

II. Au milieu du bas, on lit : *Lafage fecit se vend chez Gailliard M^e. Peintre rue de Gesvres pres le G^d. Chatelet .*

10. *Diane et Endymion.*

La déesse, assise sur son char dans un croissant, au milieu du haut, contemple le berger Endymion sommeillant à droite sur le revers du Latmos. Deux Amours veillent le berger, et recommandent le silence à deux autres Amours qui semblent vouloir s'en approcher. Un bouvier, gardant son troupeau dans le milieu du fond, paraît saisi d'étonnement. Le devant de la gauche présente une montagne couronnée d'arbres, sur laquelle on aperçoit en partie deux figures. Une fontaine et un fleuve s'appuyant sur leurs urnes, en avant d'une espèce de sarcophage, se voient à sa base, et en deçà, sur le premier plan, deux Nymphes nues qui sommeillent. Le bas de la droite offre un médaillon sur lequel l'Amour vient de tracer les traits de l'artiste. Sur sa bordure on lit *R. Laf* en caractères retournés. Ce médaillon est soutenu par une femme nue, par un Génie et un Satyre qui semblent poser un voile dessus, pour dérober l'image de l'artiste à la Calomnie, qu'on aperçoit dans le coin.

Largeur : 11 po. 8 l. Hauteur : 6 po. 10 l.

On connaît deux états de cette planche :

I. C'est celui décrit.

II. On lit au bas de la gauche : *Lafage fecit Se vend a Paris chez Gailliard rue de Gesvres pres le G.d Chatelet.*

11. *Fête à Bacchus.*

Des Satyres et des Bacchantes animent cette composition, au milieu de laquelle on voit une fontaine surmontée de la statue de Bacchus. Une Bacchante dirige le robinet de cette fontaine sur un Faune, qui se voit, à droite, dans une attitude indécente, en avant d'une tente à l'entrée de laquelle sont trois Bacchantes. Une espèce d'enseigne antique gît à terre, au milieu du bas ; elle offre le portrait esquissé de l'artiste, dans un médaillon ovale formé de guirlandes, que surmonte une tablette sur laquelle on lit : *lafage.*

Dans la marge, à droite : *Rome ex.*

Largeur : 7 po. 8 l. Hauteur : 5 po. 9 l., non compris 7 l. de marge.

12. *Les Nymphes et les Satyres au bain.*

Pendant du morceau précédent, et traité dans le même goût. Une fontaine monumentale décore la gauche et alimente de ses ondes abondantes une pièce d'eau qui coule jusqu'au bord de la droite, dans laquelle des Satyres et des Nymphes se baignent, ce que regardent d'autres Satyres et d'autres Nymphes qui se voient sur les rives. Deux enfans courent au milieu du devant.

Dans la marge, à droite : *Rome ex.*

Largeur : 9 po. 3 l. Hauteur : 6 po. 10 l., y compris 7 l. de marge.

FRISES.

—

13. *Junon parlant à Éole.*

Éole est assis à côté de sa caverne, au bas de la

gauche, déférant au désir de Junon, qui, accompagnée d'Iris, se voit au ciel et semble lui avoir donné l'ordre de déchaîner les vents qui doivent disperser la flotte d'Énée, voguant au fond de la droite. Vénus, entourée d'Amours, apparaît au haut de ce côté, et fait ses efforts pour charmer la tempête.

Sur la terrasse, dans l'angle de la gauche : *R. Lafage fecit.*

Largeur : 10 po. 5 l. Hauteur : 3 po. 10 l., y compris 2 l. de marge.

14. *Jupiter se présentant à Sémélé.*

La fille de Cadmus reposait mollement sur son lit, au milieu de la composition, quand, à sa demande, Jupiter se présenta à elle dans toute sa majesté. Le foudre du dieu éclate et va consumer Sémélé, dont l'attitude contraste avec un sort aussi funeste. Deux Amours sont au bas du sujet, l'un, à gauche, qui a jeté son arc ; l'autre, à droite, qui s'enfuit effrayé.

Sous les pieds de ce dernier Amour : *R. Lafage fecit.*

Même dimension.

On connaît deux états de cette planche :
I. C'est celui décrit.
II. Dans la marge, on lit, à gauche: *La Fage inv. et Sculp. Se vend à Paris chez Drevet rue S. jacques a l'Annonciation.*

15. *L'Amour dansant avec deux enfans.*

L'Amour est au milieu, vu de face, donnant les mains à deux enfans qui dansent à ses côtés. Un enfant, debout à droite, contre un rocher, joue du hautbois, et un autre enfant; monté sur un lion, à gauche, joue du cornet.

Au bas de la droite, sur la terrasse : *R. Lafage invenit et fecit.*

Même dimension.

16. *Les petits Pêcheurs effrayés.*

Au milieu de ce morceau se voient cinq enfans, dont quatre forment encore la chaîne que l'autre a rompue, s'étant laissé choir. Ils tirent avec effort, à droite, un filet rempli de poisson, sur lequel s'est jeté un dragon à la gueule enflammée, sujet de l'effroi des enfans.

Sur un rocher, au coin bas de la gauche : *R. Lafage fec.*

Dans la marge : *se vend à Paris chez Gailliard rue de Gesvres pres le G^d Châtelet.*

Même dimension.

17. *Le Satyre maître de trompette.*

Un Satyre, genou à terre, au milieu de l'estampe, soutient une longue trompette dont semble jouer une Bacchante debout à sa droite. En face d'eux se voit une femme jouant du tambour de Basque, et, à la gauche du devant, un homme s'apprête à sauter au cheval fondu sur un Satyre. Pièce sans marque.

Largeur : 10 po. Hauteur : 3 po. 9 l.

18. *L'Embrassade.*

Un homme paraît faire violence à une femme agenouillée, au milieu de l'estampe, à côté d'un bouc dirigé à droite, sur lequel elle s'appuie. Un Satyre joue du cornet à gauche, et un Faune s'avance, en riant, du côté opposé, vers le groupe du milieu, que semblent observer deux hommes vûs dans le lointain et dont le plus rapproché porte les traits de La Fage. Pièce sans marque.

Largeur : 10 po. Hauteur : 3 po. 9 l.

On connaît trois états de cette planche :
I. C'est celui décrit.
II. On lit, sur la terrasse, à gauche : *La Fage inv et Sculp. se vend a Paris chez Gaillar Me Peintre rue de Gesvres pres le G^d Chatelet*.
III. L'adresse de *Drevet*, substituée à celle de Gaillard. En cet état, le contour de la tête du Faune, de ses cornes et du haut de l'épaule est mieux articulé.

19. *La Danse en rond.*

Au centre du cercle étant au milieu du sujet, se voit un Faune jouant de la flûte de Pan ; à gauche, un spectateur est debout, appuyé sur l'autel de Priape, dont le buste semble retracer les traits mêmes de l'artiste. Pièce sans marque.

Même dimension.

On connaît deux états de cette planche :
I. C'est celui décrit.
II. On lit, au bas de la gauche : *La Fage inv et sculp. Se vend a Paris chez Gailliard M^e. Peintre rue de Gesvres pres le G^d Chatelet*.

20. *Le Satyre châtié.*

Un Faune debout, à droite, en avant d'une femme assise au pied d'un arbre, semble présider au châtiment que deux enfans, armés de bâtons, font éprouver à un Faune prosterné au milieu de la composition. Une Bacchante et un Faune jouent des cymbales et de la trompe, à côté du terme de Priape érigé à gauche. Pièce sans marque.

Largeur : 10 po. 4 l. Hauteur : 3 po. 9 l.

21. *Le Débarquement d'Esculape.*

Le dieu de la médecine a pris la forme d'un dragon monstrueux. La trirème qui l'a apporté se voit à gauche. Il se dirige, gueule béante, vers le rivage à droite, à l'embouchure du Tibre, dont le dieu assis, appuyé sur son urne, au milieu du sujet, semble saisi d'effroi. Des augures, des guerriers, une mère et son fils et d'autres personnages encore, groupés derrière le fleuve, paraissent contempler, avec des sentimens divers, savamment exprimés, l'apparition d'Esculape ainsi transformé.

Sur les eaux, au milieu du bas : *Lafage*, suivi d'autres caractères illisibles.

Largeur : 13 p. 3 l. Hauteur : 9 p. 4 l.

ANTOINE COYPEL.

Fils aîné de Noël Coypel, dont nous publions l'œuvre dans ce volume, Antoine naquit à Paris en 1664, et y mourut, premier peintre du roi, le 7 janvier 1722.

« Il doit être mis, » dit *M. Levesque,* « au nombre » des bons graveurs à l'eau-forte. Son estampe » de Démocrite, qu'il a gravée d'après un de ses » tableaux, est pleine de goût, de vie et de facilité. » Le désordre apparent des tailles de la draperie » n'empêche pas qu'il n'y règne une disposition très » bien raisonnée, et qui décide bien la suite des plis. » Les tailles courtes et badines de la face ont l'esprit » et le goût de celles du *Benedette,* avec plus de » vigueur. »

Quoi qu'il en soit de ce jugement, évidemment empreint d'exagération, et par lequel M. Levesque semble avoir voulu adoucir la rigueur de celui qu'il avait porté de l'artiste comme peintre, on ne saurait disconvenir qu'Antoine Coypel n'ait été doué d'un véritable talent comme graveur à l'eau-forte.

Son œuvre est composée de quatorze pièces ; c'est deux de plus que ne lui en attribue M. d'Argenville qui, parmi les douze qu'il indique, cite une sainte Cécile portant cette inscription : *Cantabo Domino in vita mea,* et qui n'est de Coypel que

comme peintre, car elle est due au burin de G. Duchange.

M. Bénard donne encore à notre artiste sept petites
pièces ovales représentant des Muses; mais nous les
croyons de Charles Coypel, fils de l'artiste, dans
l'œuvre duquel nous les rangerons.

MM. de Heinecken, et Huber et Rost, qui se
taisent sur notre n° 7, attribuent à Antoine Coypel :
1° une *Vierge assise allaitant l'enfant Jésus ;*
mais cette pièce n'est pas de lui ; elle a été gravée
par *Masse*, d'après le dessin d'un des Carraches,
pour le cabinet Jabach. L'erreur de ces chalcographes vient sans doute de ce qu'ils en ont aperçu une
épreuve avant la lettre dans l'œuvre des Coypels
du Cabinet des Estampes de la Bibliothèque royale
de Paris, que, sans plus d'examen, ils ont attribuée
à notre artiste; 2° la *Madeleine expirant dans
le désert*, pièce anonyme qui, entièrement au burin
et à la pointe sèche, ne nous paraît pas être de l'artiste, mais bien de P. Drevet; 3° *Jupiter enfant
confié aux Nymphes ;* mais nous n'avons pu rencontrer ce dernier morceau.

M. de Heinecken cite encore *Vénus assise rete-
nant l'Amour ;* mais cette pièce est de Charles Coypel, dans l'œuvre duquel nous la décrirons.

Certains amateurs attribuent à Antoine Coypel
une petite estampe où *Pan inventeur de la flûte*
est *instruit par l'Amour*. Ce sujet est de la composition de l'artiste ; mais il a été gravé d'abord par
J. Audran, et ensuite, en contre-partie, par Fes-
sard.

Enfin, *MM. Malpé et Bavarel* (*Notices sur les graveurs qui nous ont laissé des estampes, etc.*) disent que notre artiste a marqué ainsi : A. Coyp. *f.* des morceaux gravés par lui ; nous n'avons jamais aperçu de marque semblable sur aucune des pièces du maître.

Une remarque reste à faire : MM. d'Argenville, Basan et Heinecken ne font nulle difficulté d'attribuer à A. Coypel notre n° 14. Il paraît certain, cependant, que tout ce qui, dans cette pièce, est étranger au buste de *la Voisin*, ne décèle en rien le travail habituel de notre artiste.

OEUVRE

D'ANTOINE COYPEL.

SUJETS PIEUX.

---

1. *Melchisédec offrant le pain et le vin à Abraham.*

Melchisédec, roi de Salem et prêtre du Très-
Haut, se voit, à gauche, venu à la rencontre
d'Abraham, victorieux des rois des Élamites, de Sen-
naar, de Pont et de Goïm, et le bénit en lui présentant le pain et le vin. Abraham debout, du côté
opposé, semble offrir au roi la dîme de ce qu'il avait
pris sur les vaincus; ce butin paraît représenté par
les armes que portent des guerriers qui environnent Abraham. Composition dans un rond, légèrement touchée et faite de peu. Pièce sans marque.

Diamètre : 4 p. 2 l.

2. *Judith.*

La jeune veuve, vengeresse de Béthulie, est vue
à mi-corps debout, à gauche, où elle se dirige en
regardant du côté opposé. Elle porte, d'une main,
son glaive sanglant, et tient de l'autre, par les
cheveux, la tête d'Holopherne qu'elle vient de trancher, et que porte dans son tablier sa servante, vue
de profil. Une chandelle que tient celle-ci éclaire

cette scène, qui paraît se passer dans la tente même du général de Nabuchodonosor. *Belle pièce.*

Dans la marge : *Deus fecit virtutem in Jsrael Judith, C. XIII;* et plus bas : *Inventé, peint et gravé par A. Coypel auec Priuilege du Roy. et terminé au burin par C. Simonneau l'ainé* 1694. *Se vend rue S. Jacques aux* 2. *Piliers d'or.*

Hauteur : 9 po. 6 l., y compris 14 l. de marge. Largeur : 7 po.

On connaît deux états de cette planche :
I. Avant la lettre et finie.
II. Avec la lettre ; c'est celui décrit.

3. *La Vierge et l'enfant Jésus.*

La sainte Vierge à mi-corps est debout, à gauche, vue de trois quarts, et penchée amoureusement sur son divin fils dormant qu'elle tient dans ses bras au dessus de la crèche, et dont le corps radieux éclaire la composition. Un Chérubin anime le haut de la droite de ce sujet, touché légèrement dans un ovale en travers.

Dans l'angle bas de la gauche : *A. C. fecit,* comme nous le rapportons n° 11.

Largeur : 6 po. Hauteur : 4 po. 11 l., non compris une marge au bas qui porte 8 l.

4. *Le Baptême de Notre-Seigneur.*

Le Rédempteur se voit la tête penchée et les mains croisées sur la poitrine, agenouillé au milieu de l'estampe en avant de saint Jean qui, la tête levée vers une gloire d'Anges et de Chérubins où apparaissent Dieu le Père et le Saint-Esprit, baptise le Seigneur.

Dans la marge, une dédicace par l'artiste à M. Destrades, au dessous de laquelle on lit, à droite : *A. Coypel pinxit et fecit;* et à gauche : *Se vend à Paris chez G. Audran rue S. Jacques aux 2. Piliers d'or auec Priuilege du Roy.*

Hauteur : 13 p. 11 l., y compris 17 l. de marge. Largeur : 10 po.

5. *L'Ecce Homo.*

Notre-Seigneur en demi-corps est vu presque de face, légèrement tourné à gauche, au milieu de l'estampe; il est garrotté, ses mains sont croisées sur sa poitrine; et, de la gauche, il tient le roseau. Ses yeux sont levés au ciel, et sa tête est ceinte de la couronne d'épines qui en fait ruisseler le sang. Morceau traité dans le goût de Morin.

Sur le renfoncement d'un soubassement est la dédicace que l'artiste fit de cette pièce à M. de Colbert, marquis de Villacerf, divisée à son milieu par l'écusson des armes de ce personnage, dont la couronne s'étend dans le champ de la composition.

Et dans la marge, on lit, à gauche : *Ant. Coypel pinxit et Fecit aqua Forti* 1692; à droite : *C. Simonneau sculpsit C. P. R;* et au milieu : *Se vend chez Guillaume Desprez à limage St Prosper.*

Hauteur : 14 po. 1 l., y compris 1 l. de marge. Largeur : 11 po.

On connaît deux états de cette planche :

I. Avant le soubassement et avant la lettre.

II. C'est celui décrit.

6. *Jésus-Christ dans le linceul.*

Notre-Seigneur, en buste, dans le linceul au milieu de l'estampe, est vu de trois quarts et tourné à gauche. Composition, dans un ovale en hauteur, touchée d'une pointe extrêmement fine et pleine de sentiment. Pièce sans marque et très rare.

Hauteur : 3 po. 4 l. Largeur : 3 po.

SUJETS PROFANES.

—

7. *Apollon déclare son amour à Daphné.*

Apollon, appuyé d'une main sur sa lyre, et de l'autre sur son arc, est assis vers le milieu, ayant à ses côtés et Mercure, son compagnon d'exil, et deux Amours, l'un pinçant les cordes de la lyre, et l'autre couronnant une Nymphe. Il regarde amoureusement Daphné, assise à droite, en avant du fleuve Pénée, sur l'urne duquel elle s'appuie en caressant la tête de son père, tandis que l'Amour, debout au fond, décoche une flèche à Daphné.

Sur la terrasse, à gauche : *A. C. F.*

Largeur : 11 po. 8 l. Hauteur : 7 po. 7 l.

8. *Le Triomphe de Galatée.*

La Néréide est assise voluptueusement au milieu de l'estampe, sur une embarcation que deux dauphins font voguer à gauche, et qu'entourent des

Amours; elle s'appuie sur une de ses nymphes, et plusieurs divinités marines nagent au bas de la droite. L'Amour, penché sur l'épaule de Galatée, lui montre l'Hymen, qu'environnent les Zéphyrs, au haut du même côté. Polyphème, assis sur le revers de l'Etna, au fond, semble prendre plaisir à ce qui se passe.

Dans la marge, une dédicace par l'artiste à M. le duc de Chartres, coupée par l'écusson des armes du prince. Au dessous, on lit, à gauche : *Inventé, peint et gravé à l'eau forte par A. Coypel C. P. R. et terminé au burin par Ch. Simonneau l'Aîné* 1695.

Largeur : 21 po. Hauteur : 15 po. 7 l., y compris 11 l. de marge.

On connaît trois états de cette planche :
I. A l'eau-forte.
II. Terminé au burin; avant la lettre.
III. C'est celui décrit.

9. *Bacchus et Ariane.*

Le fils de Jupiter et de Sémélé, descendu de son char, qui se voit à gauche, est parvenu auprès d'Ariane, assise presqu'au milieu, en avant d'un rocher percé, et cherche à la consoler de l'infidélité de Thésée; des Amours, des Satyres et des Bacchantes animent cette composition.

Dans la marge, coupée à son milieu par l'écusson des armes de *Monsieur*, et débordant sur la terrasse, on lit la dédicace que l'artiste fit de ce morceau à S. A. R.; et plus bas : *Jnuenté, peint et graué a l'eau forte par A. Coypel . C. P. R. et terminé au burin par G. Audran* 1693.

Largeur : 21 po. 3 l. Hauteur : 16 po. 8 l., y compris 13 l. de marge.

On connaît deux états de cette planche :
I. Avant la lettre.
II. C'est celui décrit.

10. *Pan vaincu par les Amours.*

Tombé à la renverse et la tête à gauche, Pan est assujéti dans cette position par un Amour, tandis qu'un autre le frappe. Joli morceau.

Au bas de la gauche : *A. C. fecit* 1692.

Largeur : 8 po. 3 l. Hauteur : 6 po. 4 l.

On connaît deux états de cette planche :
I. Avant l'année 1692.
II. C'est celui décrit.

11. *Allégorie à la gloire de M. le Dauphin.*

La figure de la France, assise sur des trophées d'armes posés sur le globe du monde, lève les yeux au ciel, où brille le soleil qui éclaire un obélisque portant ces mots : *Temporum felicitas.* Le dieu d'Hyménée a pris l'une de ses mains, dans laquelle madame la dauphine, assise à droite, pose l'une des siennes. La Victoire, tenant des guirlandes, vole au bas. Au dessus d'elle se voit Hercule, dont la déesse de l'Abondance, portant un rameau que soutient Junon, ravit la massue. La Renommée sonne de la trompette au haut de la gauche, où son temple se voit en perspective. Composition dans un ovale formé de cornes d'abondance terminées en tête de dauphins, d'où sortent des fruits, des guirlandes de fleurs, des branches de laurier et des palmes, et

surmonté des ailes et des trompettes de la Renommée.

Dans un cartouche, au haut :

Tout concourt à la fois au bonheur de la France
Pendant que la Victoire entasse ses lauriers,
Sa gloire par la paix calme ses faits guerriers
Et l'himen y produit vne heureuse aliance.

Et dans un autre, au bas :

A Monseigneur le Dauphin .

Je consacre grand Prince à la postérité
Cet image ou j'ay peint ton himen , et ta gloire ,
Puisque ton nom qui vôle à l'immortalité
Doit rendre ce sujet d'Eternelle memoire .

Sur un soubassement : *Coypel , Junior inuenit et*
fecit.

Hauteur : 10 po. 8 l. Largeur : 7 p. 11 l.

12. *Le Portrait de Démocrite.*

Le philosophe d'Abdère, le visage barbu et la
tête couverte d'un bonnet de fourrure, est vu à mi-
corps tourné à gauche, regardant du côté opposé et
riant. Il fait une indication de la main sortie de
dessous son manteau.

Dans la marge , on lit : *Démocrite;* et au dessous :

Cet Enioüé Censeur des Sotises des hommes
Et que rien n'a jamais aigry
Que n'a-il veu le jour dans le Siecle ou no! sômes?
Il auroit bien autrement ry

Et plus bas : *A. Coypel Pinxit incidit et excu-*
dit 1692.

Hauteur : 8 po. 2 l., y compris 10 l. de marge. Largeur :
6 po. 1 l.

On connaît trois états de cette planche :

I. Avant la lettre; peu fini, et le fond uniformément teinté.

II. Entièrement fini et plein d'effet. Le second vers est :

Que tout fit rire et rien n'aigrit

Et le dernier mot du quatrième est écrit : *rit*.

III. C'est celui décrit.

13. *Le grand portrait de la Voisin.*

Cette célèbre empoisonneuse est vue en buste et de trois quarts, coiffée d'une cornette, et en déshabillé commun. Des plantes vénéneuses et des serpens l'entourent; au delà, au haut de la droite, le squelette de la Mort tenant sa faux est vu de face, et, du côté opposé, sont les Parques; au dessous de ce buste posé sur un rocher, se voient un dragon et une Furie.

Sur le rocher, on lit : *LE PORTRAIT DE LA VOISIN ;* ensuite :

Source de tant de maux maudite creature
Qui par mille poisons destruisois la Nature
Si la parque en fillant tes detestable' jours
A fait regner la Mort, en prolongeant leur cours ,
Vn suplice effroyable et plein d'Ignominie
A sceu trancher le fil de ton énorme vie.

Et plus bas, à gauche : *A. C. in ;* et à droite : *Chasteau, ex C. P. R.*

Hauteur : 14 po. 10 l. Largeur : 10 po. 4 l.

On connaît deux états de cette planche :

I. Avant les initiales du maître et avant l'adresse. Dans les vers, le mot *destruisois* est écrit *destruisoit* , et le mot *détestables* n'a pas d's final.

II. C'est celui décrit.

14. *Le petit portrait de la Voisin.*

Le génie du crime, aux ailes de chauve-souris et la crinière formée de serpens, est debout, au milieu de l'estampe, tenant devant lui, de ses deux mains aux ongles crochus, le portrait de *la Voisin*, réduit de la pièce précédente, et tracé dans un médaillon que soutient un dragon s'agitant furieux sur un rocher qui occupe le milieu du bas, et qu'entourent des flammes.

Sur la partie claire du rocher :

Ie fus du Genre humain, la mortelle Ennemie,
Par l'horreur de mes jours, on vit regner la mort,
Et mon Crime par tout, portant son Infamie
Fit la guerre aux Mortels, et termina mon sort

Et plus bas : LE PORTRAIT DE LA VOISIN.

Enfin dans la marge : *Bruslée vive à Paris le Ieudi* 22e *fevrier* 1680.

Hauteur : **8** po., y compris 4 l. de marge. Largeur : 5 po. 3 l.

PIERRE PARROCEL.

Cet artiste, qui était neveu de Joseph Parrocel, dont nous décrirons l'œuvre dans un volume subséquent, naquit à Avignon vers 1664, et mourut en 1739, âgé de 75 ans.

Élève de son oncle, il se mit ensuite sous la discipline de Carle Maratte, puis fut membre agréé de l'Académie royale de Peinture de Paris.

Il a beaucoup travaillé en Languedoc, en Provence et dans le comtat Venaissin. Son ouvrage le plus considérable se voyait dans une galerie de l'hôtel de Noailles, à Saint-Germain-en-Laye, où il avait représenté l'histoire de Tobie en seize tableaux; mais son chef-d'œuvre paraît avoir été le couronnement de la Vierge par l'enfant Jésus, qui se voyait dans l'église des religieuses de Sainte-Marie, à Marseille. Selon M. l'abbé *de Fontenay*, ce tableau offrait les graces du dessin et du coloris unies aux charmes des effets agréables.

Nous lui devons, comme graveur, dix-huit estampes, dont quatorze à l'eau-forte et quatre au burin. Ces dernières, qui sont nos n°ˢ 8, 13, 14 et 15, laissent beaucoup à désirer du côté du maniement de l'outil; mais les autres sont traitées avec une rare dextérité et avec infiniment d'esprit, dans un goût analogue à celui d'Antoine Rivalz.

MM. Huber et Rost, qui ne parlent pas de notre maître, attribuent à Étienne Parrocel, dont jusqu'ici nous n'avons pu découvrir aucune estampe, 1° un sujet de Bacchanale qui pourrait bien être notre n° 17 ; 2° le *Triomphe de Mardochée*, qui est dû à J.-P. Parrocel ; 3° et le *Triomphe de Bacchus et d'Ariane*, qui est le n° 18 de notre catalogue. Basan est en partie cause de leur méprise, puisqu'il avait donné au même Étienne Parrocel ces deux derniers morceaux.

OEUVRE

DE

PIERRE PARROCEL.

—

PIÈCES EN HAUTEUR.

—

1. *Les Mendians.*

Une pauvresse se dirige à gauche, suivie d'un homme portant un enfant devant lui, et tenant son chapeau et son bâton d'une main.

Dans la marge : *P Parrocel f*, comme nous le rapportons n° 12.

Hauteur : 5 po. 2 l., y compris 1 l. 1|2 de marge. Largeur : 2 po. 9 l.

2. *Le Bœuf.*

Dirigé à gauche dans une prairie, il regarde de face.

Sur la terrasse, à droite : *Parrocel f.*

Hauteur : 5 po. 2 l. Largeur : 4 po. 1 l.

3. *Figure de femme des environs de Rome.*

Elle est vue par le dos, la tête penchée à droite, où elle regarde, relevant sa robe d'une main, et faisant de l'autre une indication à gauche.

Dans la marge, à droite : *Parrocel.*

Hauteur : 6 po. 1 l., y compris 2 l. de marge. Largeur : 3 po. 10 l.

4. *Autre figure semblable.*

Elle est vue de profil, dirigée à droite, où elle fait une indication d'une main; de l'autre elle tient son éventail.

Dans la marge, à droite : *Parrocel fecit.*

Hauteur : 6 po. 2 l., y compris 2 l. de marge. Largeur : 4 p. 2 l.

PIÈCES EN LARGEUR.

—

5. *Les trois Naïades.*

Trois Naïades se voient assises, dans ce morceau, penchées ou appuyées sur leurs urnes, d'où s'échappent des eaux.

Dans la marge du haut : *P. Parrocel. f.*

Largeur : 3 po. 4 l. Hauteur : 2 po. 9 l., y compris 1 l. de marge.

6. *Les petits Bacchans et leur chèvre.*

Une chèvre se voit couchée en travers de la composition, ayant un enfant étendu sur son dos; cinq autres l'entourent, mangeant des raisins et lui en faisant manger, tandis qu'un septième enfant arrive du fond de la gauche, portant sur sa tête une corbeille de fruits.

Dans la marge, à gauche : *Parrocel invenit et f.*

Largeur : 5 po. 6 l. Hauteur : 3 po. 9 l., y compris 1 l. 1|2 de marge.

7. *La Mascarade d'enfans.*

Au milieu de ce morceau, qui offre un paysage, on voit un enfant portant sur ses épaules un autre enfant masqué qui cause l'effroi dont paraissent saisis trois autres enfans qui sont à la gauche. Il est suivi de trois autres marmots portant un objet hideux ; l'un est debout, et un autre est à califourchon sur son camarade.

Dans la marge, à gauche : *P. Parrocel invenit et f.*

Largeur : 5 po. 6 l. Hauteur : 3 po. 8 l., y compris 1 l. de marge.

8. *Vénus sortant du bain.*

La déesse est assise, au milieu de l'estampe, sur une pierre au bord d'une fontaine, sortant du bain et s'essuyant. L'Amour est derrière sa mère et paraît la couvrir d'une draperie. Pièce sans marque.

Largeur : 5 po. 6 l. Hauteur : 4 p. 4 l.

9. *Les Enfans maraudeurs.*

Douze enfans animent un paysage agreste, où ils semblent avoir cueilli des fleurs et des fruits ; deux se battent au milieu, effet ou cause de la culbute d'un panier de fruits qui se voit là ; un autre, assis à droite, arrête un chien qui aboie après les tapageurs.

Dans la marge, à droite : *Parrocel. in et f.*

Largeur : 5 po. 9 l. Hauteur : 4 po. 2 l., y compris 1 l. 1\2 de marge.

10. *La Conversation aux champs.*

Un homme assis de face, au milieu du fond,

vis à vis d'une femme debout et vue par derrière ,
paraît parler à une femme assise à côté de lui, les
mains jointes sur les genoux ; deux autres femmes
et un enfant sont à la file à gauche ; un autre
enfant, paraissant manger du lait, est assis sur
le premier plan du même côté, non loin d'un chien
qui s'y voit en partie. Une compagnie de paysans ,
précédés de leur âne, débouche du milieu, et se
dirige au fond de la gauche, sur le dernier plan.

Dans la marge, à droite : *P. Parrocel. Invenit
et fecit.*

Largeur : 5 po. 9 l. Hauteur : 4 po. 6 l.

11. *La famille du Satyre.*

Un Satyre, assis au bas de la droite, est tenu
embrassé par une Bacchante ayant un jeune enfant
accoudé sur elle. Trois autres enfans, couronnés de
lierre, se voient à gauche.

Dans la marge, à droite : *Parrocel inuenit.
et. fecit.*

Largeur : 6 po. Hauteur : 4 po. 8 l.

12. *Le sommeil du Satyre.*

Sur un tertre qui occupe le travers de la composition, on voit à gauche un Satyre et un enfant qui
sommeillent , en avant d'une chèvre, sur laquelle
s'appuie un jeune Faune jouant de la flûte, qu'un
autre enfant fait manger. Une jeune femme, assise
à droite, dort la tête appuyée sur ses mains posées
sur un vase, tout près d'un enfant debout portant
un panier de raisin.

Dans la marge, à droite : *P Parrocel invenir. et. fecit.*

Largeur : 6 po. 2 l. Hauteur : 4 po. 8 l.

13. *Les enfans au bain* (1).

Dans une rivière qui baigne tout le bas de ce morceau, on aperçoit six enfans qui se livrent au plaisir du bain, tandis que d'autres, au nombre de dix, se voient sur le rivage au delà.

Dans la marge, à gauche : *P. Parrocel fecit.*

Largeur : 7 po. 4 l. Hauteur : 5 po. 2 l.

14. *Enfans se chauffant.*

Autour d'un brasier allumé au milieu du bas, se voient huit enfans qui se chauffent. Trois autres, transis de froid, y accourent de la gauche, tandis qu'un pareil nombre, dont deux sont grimpés sur un arbre à droite, font du bois pour l'alimenter.

Dans la marge, à gauche : *P. Parrocel. fecit.*

Largeur : 7 po. 5 l. Hauteur : 5 po. 2 l.

15. *Vénus et les Amours.*

La déesse est agenouillée à droite, sur un rocher, ayant devant elle un jeune Amour auquel elle semble montrer à bander un arc, pour en diriger les coups au but qui est le Terme de Pan. Cinq autres Amours se voient dans différentes attitudes.

---

(1) Ce morceau pourrait bien faire partie d'une suite de quatre qui représenteraient les saisons. Dans cette supposition, ce même morceau représenterait bien l'*été*, et les deux suivans l'*hiver* et le *printemps*; mais nous ne connaissons pas le quatrième.

Dans la marge, à droite : *P. Parrocel.*

Largeur : 7 po. 5 l. Hauteur : 5 po. 7 l.

16. *Le triomphe d'Amphitrite.*

La Néréide, entourée de ses Nymphes, escortée des Zéphyrs, et environnée de divinités marines, se voit au milieu de la composition, assise sur un dauphin, et dirigée à gauche.

Sur la mer : *P. Parrocel invᵀ et f.*

Largeur : 8 po. 6 l. Hauteur : 5 po. 3 l.

17. *Bacchanale.*

Bacchus debout, à droite, entre deux Bacchantes, l'une jouant de la flûte, et l'autre frappant une timbale, semble présider une fête, dans laquelle on voit sur une colline, au milieu, deux couples de Bacchans et de Bacchantes qui s'embrassent, tandis que six autres couples, faisant la chaîne, dansent en rond autour des amans.

Dans la marge, à gauche : *P. Parrocel in. eᵀ sp.*

Largeur : 9 p. 2 l. Hauteur : 7 po. 1 l.

On connaît deux états de cette planche :

I. A l'eau-forte.

II. Retouché mal-adroitement au burin, à l'exception du coin haut de la gauche.

18. *Le Triomphe de Bacchus et d'Ariane.*

Assis sur un char traîné par deux panthères qui le dirigent à droite, Bacchus et Ariane sont environnés, précédés et suivis d'une foule d'Amours, de

Bacchans et de Bacchantes qui se livrent, emportés par le délire, à toutes sortes de jeux et d'excès.

Dans la marge, dix vers du livre 3 des Fastes d'Ovide, commençant par : *Dixerat : audibat*...... et finissant par : *illa novem*; et au dessous, à gauche : *Petrus Subleiras inven.*; et à droite : *Petrus Parrocel sculp Rome.*

Largeur : 20 po. 10 l. Hauteur : 10 po. 9 l., y compris 11 l. de marge.

On connaît deux états de cette planche :

I. A l'eau-forte, sauf quelques raccords au burin.

II. Retouché partout au burin avec assez de bonheur. On reconnaît cet état aux terrasses de la gauche, qui, presque blanches dans le Ier, sont dans celui-ci teintées de doubles et de triples tailles.

PIÈCES DOUTEUSES.

1. Jeune garçon vu de trois quarts, en buste, regardant à gauche, faisant une indication du même côté, et tenant une cuiller au dessus d'une gamelle placée devant lui, au milieu du bas. Pièce au burin et sans marque.

Largeur : 5 po. 4 l. Hauteur : 3 po. 9 l.

2. Portraits de deux Turcs vus en buste et de profil, tournés à gauche, à la suite l'un de l'autre. Pièce sans marque.

Largeur : 5 po. 9 l. Hauteur : 3 po. 11 l.

ANTOINE WATTEAU.

Né à Valenciennes, département du Nord, en
1684, et fils d'un maître couvreur et charpentier,
Antoine Watteau puisa les premiers éléméns de
l'art en cette ville, qu'il quitta bientôt pour Paris, où
il devint disciple de Gillot et de Claude Audran.
Membre de l'Académie royale de peinture dans le
moment même qu'il recevait le premier prix, « il
» produisit, dit M. *Levesque*, une grande quantité
» de sujets galans dans un goût qui n'était qu'à lui,
» fit des imitateurs et n'eut pas de rivaux. »

Il mourut à Nogent-sur-Marne, près Paris, le
18 juillet 1721, âgé de trente-sept ans.

Son œuvre, comme graveur à l'eau-forte, est
composé de huit pièces, dans lesquelles on reconnaît la même facilité et le même esprit que dans ses
dessins.

Parmi ces pièces, il en est sept qui font partie
d'une suite de douze, y compris le frontispice, qui
se rencontre, terminée au burin, dans les volumes
publiés après la mort de l'artiste (1).

---

(1) Voici la description de celles de ces pièces qui n'ont pas Watteau
pour graveur :

Frontispice.

Il est composé d'un cartouche ovale en hauteur entouré de guirlandes de lierre, surmonté d'une tête de Satyre ayant pour auréole des
ailes de chauve-souris ; dans le champ, on lit :

MM. Huber et Rost donnent cette suite entière à
Watteau, aussi bien qu'une *Marche de soldats de
recrue qui vont joindre l'armée;* mais ils se sont

FIGURES
DE
MODES
*Dessinées et gravées
à l'Eau forte
PAR VATTEAU
et terminées au burin*
Par Thomassin le fils.

Au dessous, près du trait carré : *Se vend chez Thomassin, rue
St. Jacques à Paris.*

On connaît quatre états de cette planche et des suivantes :
I. Avec l'adresse de Thomassin ; c'est celui décrit ;
II. Avec l'adresse de *Duchange* et *Jeaurat.*
III. Le nom de *Hecquet* a été substitué à celui de Jeaurat.
IV. Le nom de *Joullain* substitué à celui de Hecquet.

Femme assise à gauche.

Elle est dans un fauteuil en avant d'un rideau, tournée à droite et
regardant de face, jouant avec son éventail.
Dans la marge, à gauche : *Watteau del.* ; à droite : *Thomassin fils
scul. C. P. R.*

Hauteur : 4 po. 6 l., y compris 5 l. de marge. Largeur : 2 po. 8 l.

L'Homme assis à droite.

Il est sur un banc de pierre en avant d'un gros arbre, tourné à gau-
che, regardant de face, et les jambes croisées.
Dans la marge, à gauche : *Wateau del.;* et, à droite : *Deplace sculp.
C. P. R.*

Hauteur : 4 po. 4 l., y compris 3 l. de marge. Largeur : 2 po. 7 l.

La Pèlerine.

Debout, au milieu de l'estampe, elle est vue de face, tenant de la
main droite un bâton de pèlerin.
Dans la marge, à gauche : *Watteau del.;* à droite : *Jeaurat scul.*

Hauteur : 4 po. 11 l., y compris 8 l. de marge. Largeur : 2 po. 8 l.

trompés ; les pièces qui sortent de notre catégorie ont été gravées par *Thomassin, Deplace* et *Jeaurat,* et la *Marche de soldats,* par *Boucher.*

Au surplus, ils se taisent sur la pièce de la *Troupe italienne,* qui, pourtant, est indubitablement de l'artiste.

M. d'Argenville ne particularise aucune de ses pièces ; il dit simplement, en parlant du maître : « Son œuvre compose trois volumes et contient cinq » cent soixante-trois planches ; le premier volume » comprend cent trente sujets historiés ; les deux au- » tres, qui sont des études, renferment trois cent » cinquante pièces de sujets de caprice, parmi les- » quels il y a 16 paysages, trente figures chinoises, » et cinquante-trois ornemens ou paravents *dont* » *plusieurs sont gravés de sa main.* »

Le Porte-Balle.

Homme assis, vu de face et regardant à droite, accoudé sur une caisse et tenant une cassette sur ses genoux.

Dans la marge, à gauche : *Watteau del.;* à droite : *Jeaurat scul.*

Hauteur : 5 po., y compris 9 l. de marge. Largeur : 2 po. 9 l.

OEUVRE

DE

WATTEAU.

---

1 A 7. — FIGURES DE MODES.

On connaît cinq états de ces planches :

I. A l'eau-forte pure et sans le trait carré. *Extrémement rare.*

II. Terminé au burin. Dans la marge, au dessous du trait carré, on lit, à gauche : *Vateau inv. et fecit;* et à droite : *Thomassin fils scul.* — *Très rare.*

III. Ces mots : *Thomassin fils scul.* ont été effacés. — *Rare.*

IV. Au bas de la marge, on lit : *A-Paris Chez Hecquet rue S. Iacques à S. Maur* ou *à l'Image S. Maur C. P. R.* — *Commun.*

V. Ces mots : *Vateau inv. et fecit* ont été effacés aussi bien que l'adresse de Hecquet, qui a été remplacée par celle de *Joullain.* — *Plus commun encore.*

1. *L'Homme accoudé.*

Il est debout, les jambes croisées, vu de face, et accoudé, à droite, sur un piédestal dans un parc; sa tête nue est inclinée du même côté; il regarde en l'air.

Hauteur : 4 po. 4 l., y compris 4 l. de marge. Largeur : 2 po. 7 l.

2. *Le Promeneur vu de face.*

Une main passée dans sa veste et l'autre dans son gousset, il est vu regardant à gauche et marchant

de face dans un parc. Un bouquet de verdure occupe le fond de la gauche, et une maison se voit du
côté opposé.

Hauteur : 5 po., y compris 9 l. de marge. Largeur : 2 po.
8 l.

3. *L'Homme appuyé.*

Il est vu de trois quarts dirigé à gauche, où il
s'appuie, d'une main, sur la vasque d'un jet d'eau
supportée par un dauphin. Il regarde du même
côté, et sa tête vue de profil est coiffée d'un chapeau à plumes.

Hauteur : 4 po. 5 l., y compris 4 l. de marge. Largeur :
2 p. 7 l.

4. *Le Promeneur vu de profil.*

On le voit, à l'entrée d'un bois qui occupe la droite,
dirigeant ses pas du côté opposé ; sa tête, couverte
d'un chapeau à plumes, est vue presque par derrière.

Hauteur : 4 po. 6 l., y compris 4 l. de marge. Largeur :
2 po. 7 l.

5. *La Femme marchant à gauche.*

Vue de trois quarts et relevant sa robe ; la tête
inclinée à droite, et regardant en l'air, elle dirige
ses pas à gauche sur un gazon émaillé de fleurs que
des habitations bordent au fond de la droite.

Hauteur : 4 po. 5 l., y compris 4 l. de marge. Largeur :
2 po. 8 l.

6. *La Femme marchant au fond.*

Vue par le dos, et marchant au fond, où l'on voit

des habitations, elle paraît près du pignon d'une maison avec borne qui occupe la droite.

Hauteur : 4 po. 4 l., y compris 4 l. de marge. Largeur : 2 po. 7 l.

7. *La Femme assise.*

Jeune femme de condition assise, vue de face, où elle regarde, à côté du piédestal d'un vase environné d'arbres, qui se voit à droite; piédestal sur lequel elle s'appuie en se caressant le menton de son éventail.

Hauteur : 4 po. 5 l., y compris 4 l. de marge. Largeur : 2 po. 7 l.

8. *La Troupe italienne.*

Cinq acteurs de l'ancienne comédie italienne, vus presque en pied, semblent faire leurs adieux au public qu'ils saluent. Scapin, placé derrière Pierrot, à droite, écarte le rideau; tous deux regardent de face, aussi bien que deux actrices vues au milieu, qu'Arlequin, en habit de Mazetin, étant à gauche, regarde attentivement.

Dans la marge, on lit, savoir au dessous du trait carré : *Peint et gravé à l'eau-forte par Watteaux, et retouché au burin par Simonneau l'aîné.*

Et au dessous, ces huit vers en deux colonnes :

Les habits sont Jtaliens,
Les airs françois et je parie
Que dans ces vrays comediens
Git une aimable tromperie ;
Et qu'Italiens et françois
Riant de l'humaine folie,
Jls se moquent tout à la fois
De la france et de litalie.   Gacon.

Et plus bas : *A Paris, chez SIROIS sur le quay Neuf aux Armes de France. C. P. G.*

Hauteur : 11 po., y compris 10 l. de marge. Largeur : 7 p. 5 l.

On connaît trois états de cette planche :

I. A l'eau-forte pure et avant la lettre.

II. Terminé. C'est celui décrit.

III. Le nom du peintre a été corrigé ainsi : *Watteau ;* et, à la place de l'adresse de Sirois, on lit : *A Paris chez F. Chereau rüe S¹. Jacques aux 2. pilliers d'or. C. P. R.*

JEAN-BAPTISTE OUDRY.

Fils d'un peintre qui faisait le commerce de tableaux à Paris, cet artiste naquit en la même ville en 1686, et prit les premières notions de l'art dans la maison paternelle; mais il les fortifia chez de Serre, et ensuite chez Largillière, qui l'avança considérablement dans le coloris.

Reçu à l'Académie royale en 1717 en qualité de peintre d'histoire, sur une adoration des mages, qu'il fit pour le chapitre de Saint-Martin-des-Champs, il fut bientôt élu professeur, et devint pensionnaire du roi avec logement et atelier au palais des Tuileries.

Vers 1727, il cessa de peindre l'histoire et le portrait, pour se livrer exclusivement au genre des animaux, dans lequel il excella : le Musée et les châteaux royaux sont riches de ses productions.

Il mourut à Beauvais, le 30 avril 1755, pourvu des places de directeur de la manufacture des Gobelins et de celle de Beauvais.

Nous devons soixante-quinze pièces à sa pointe habile et d'un sentiment exquis dans les six premiers numéros de son œuvre, et dans les sujets du Roman comique ; c'est quarante-neuf de plus que ne lui en attribue M. d'Argenville, qui ne connut que vingt des vingt et un morceaux faisant partie de la suite du Roman comique, et qui ignora l'existence des n°s 7 à 54.

Cet auteur semble indiquer qu'Oudry aurait fait l'eau-forte d'un livre d'animaux et de chasses en douze feuilles, terminé au burin par Le Bas. Ces morceaux, que nous avons vus, sont, sans nul doute, d'après la composition du maître, mais entièrement de la main de Le Bas.

M. Bénard, dans le catalogue du Cabinet Paignon-Dijonval, indique notre n° 5 comme étant de Gautrot, celui-là même, sans doute, qui fut le premier éditeur de la suite des pièces n°s 1 à 4, que M. Bénard seul qualifie de graveur; c'est, ce nous semble, une erreur d'autant plus palpable, que le sentiment de M. d'Argenville est contraire, et que l'inspection de la pièce ne peut laisser aucun doute, surtout si on la compare avec les derniers numéros cités.

—

OEUVRE

DE

J.-B. OUDRY.

SUJETS DE CHASSE.

---

1 A 4. — SUITE DE QUATRE PIÈCES NUMÉROTÉES AU HAUT DE LA MARGE DU COTÉ DROIT.

On connaît trois états de ces planches :

I. Avant la lettre et les numéros.

II. Avec la lettre, et avec l'adresse de *Gautrot* au premier morceau ; mais avant les numéros.

III. Avec l'adresse de *Huquier* à tous les morceaux et avec les numéros.

1. *Frontispice.*

Un daim et un héron sont attachés par la patte à une branche d'arbre et pendent au milieu ; deux faucons chaperonnés sont perchés à droite.

Au bas, sur une grande pierre, on lit la dédicace que l'auteur fit de cette suite en 1725 à M. Bontemps ; et, sur une petite pierre à gauche : *Se Vend à Paris chez l'auteur au Palais des Tuilleries et chez Gautrot quay de la Mégisserie.*

Hauteur : 13 po. 1 l. Largeur : 10 po. 1 l.

2. *Le Chevreuil forcé.*

Vu haletant au milieu, il est lancé à gauche ; un

mâtin lui mord les reins, et trois autres chiens le pressent.

Dans la marge, sous le trait carré, à gauche : *Peint pour le Roy par J. B. Oudry*, *et gravée par lui-même ;* et au milieu ces quatre vers :

Arrêtés, cruels, arrêtés
De ce jeune Chevreüil épargnés l'innocence.
C'est aux Renards, aux Loups a Subir la Vengeance
Des maux qu'ils font de tous côtés. L. C.

Hauteur : 13 po. 6 l., y compris 2 po. de marge. Largeur : 10 po.

3. *Le Renard vaincu.*

Il est vu entre quatre chiens au milieu de l'estampe, mordu par deux à l'épaule et au flanc.

Dans la marge, sous le trait carré, à gauche : *Peint pour le Roy par J. B. Oudry*, *et gravée par lui-même ;* et au dessous, ces vers en deux colonnes :

Tel Fut l'effroi des Poulaillers
Qui Fait i'cy triste figure :
On croiroit voir d'aprés nature
Cartouche pris par les Archers. L. C.

Hauteur : 13 po. 5 l., y compris 2 po. 1 l. de marge. Largeur : 10 po. 1 l.

4. *Le Loup aux abois.*

Il foule aux pieds, au milieu de l'estampe, un chien qu'il blesse cruellement, tandis que trois autres le mordent en fureur.

Dans la marge, sous le trait carré, à gauche : *Peint pour le Roy par J. B. Oudry*, *et gravée par lui-même ;* et au milieu ces vers :

Ce Monstre affamé de carnage
Ce fléau des Bergers, des Chiens et des Brebis ;
Plus il causa partout d'horreur et de ravage
Plus il est Sot quand il est pris. L. C.

Hauteur : 13 po. 5 l., y compris 2 po. 1 l. de marge. Largeur : 10 po. 2 l.

5. *Le Chien braque en arrêt.*

Il est à droite, levant la patte gauche du devant, et fixant une poule-faisan blottie au bas de la gauche. *Chef-d'œuvre du maître*, dont il ne porte cependant pas le nom.

Dans la marge, ces vers en deux colonnes :

Ce Chien qui fut dressé par un Chasseur habile,
Tout proche du Gibier qu'il dévore des yeux,
S'arete sur le champ et demeure immobile.
Quel exemple plus fort peut nous apprendre mieux
Combien a toute Espece en tout tems en tous lieux
De l'Education le pouvoir est utile.

Largeur : 9 po. 2 l. Hauteur : 8 po. 7 l., y compris 15 l. de marge.

On connaît trois états de cette planche :

I. A l'eau-forte pure et sans la lettre. Une tache produite par un défaut d'eau-forte existe au bord droit de la planche, à mi-hauteur.

II. Pareillement avant la lettre ; la tache, couverte de travaux, est presque disparue ; généralement plus travaillé et d'un meilleur effet.

III. Les terrasses et les arbres du fond de la droite teintés de travaux au *berceau*. Il est avec la lettre.

SUJETS DIVERS.

—

6. *Les Pêcheurs.*

Quatre pêcheurs se voient au haut d'une falaise, à droite, occupés à trier et porter du poisson. Un bateau à voile est au milieu du fond, entre cette falaise et un promontoire existant à gauche.

Dans la marge, de ce dernier côté : *Peint et gravé par J. B. Oudry, peintre ordinaire du Roy*; et, au milieu, une dédicace par l'auteur à M. de Beringhen, coupée par un écusson armorié.

Hauteur : 13 po. 6 l., y compris 17 l. de marge. Largeur : 10 po. 2 l.

On connaît deux états de cette planche.
I. Avant la lettre.
II. Avec la lettre.

7. *Le Paysan et la Couleuvre.*

Estampe en hauteur, qui faisait partie du Cabinet Paignon-Dijonval, et que nous n'avons pas rencontrée. M. Bénard ne l'a pas décrite autrement.

———o———

8 A 55. — LIVRE DE RÉBUS OU LOGOGRIPHES.

—

Ce livre est composé de 46 morceaux, savoir : un frontispice, une dédicace, quatre feuilles de texte, où nous puiserons nos explications, et quarante feuillets de Rébus ou Logographes proprement dits.

Les deux premiers morceaux ne sont pas chiffrés;

Les quatre morceaux d'explications le sont de 1 à 4, au milieu du haut;

Les quarante autres le sont, de 1 à 40, au haut de la droite.

Toutes ces pièces ont les dimensions que voici :

Largeur : 5 po. 10 l. à 6 p. 2 l. Hauteur : 3 po. 9 l. à 3 po. 11 l.

8. *Frontispice.*

Arlequin et Gilles font la parade au devant d'un rideau sur lequel on lit :

REBVS

OV. LOGOGRIPHE . DEDIE^E

A . SON . ALTESSE . ROYAL

MADAME . LA . DVCHESSE

DE . BERY.

Dans la marge : CE . VEND . A . PARIS . CHET . L'AVTEVR . SVR . LE . PONT . NOSTRE . DAM^E AV . SOLEIL . D'OR . ET . RVE . S^t. IAQVE VIS A VIS LA RV^E DES MATVRIN AV MECENAS.

9. *Dédicace.*

Ce morceau contient l'épître dédicatoire adressée par Oudry à Mme la duchesse de Berri.

10 à 13. *Explications.*

Ces morceaux contiennent les explications des rébus ou logogriphes, précédées d'un numéro qui renvoie à chacune de ces pièces.

14.

(1) Les sujets représentés sur cette estampe s'expliquent par ceci (1) :

« L'Amour entre ses mains tenant traits et carquois,
    » A Vénus dans son char entouré de nuages,
    » Disoit dedans un bois, épais par ses feuillages :
    » Je suis environné de tristesse et d'effroi. »

15.

(2) « Régent, né pour le bonheur de la France,
    » Tout le monde est charmé de vos nouveaux exploits ;
    » Plus grand par vos vertus que par votre naissance,
    » Chacun se croit heureux en vivant sous vos lois. »

16.

(3) « J'ai dans un cercle entretenu la charmante Iris sur
» les traits dangereux de l'Amour. Il vaut mieux être oiseau
» des bois que d'être oiseau en cage. »

17.

(4) « Les Dames tour à tour s'empressoient pour voir l'Am-
» bassadeur de Perse la pipe à la bouche, assis sur un car-
» reau les pieds croisés ; elles dansèrent en rond dans le des-
» sein surtout de divertir ce beau Monsieur. »

18.

(5) « Vos beaux yeux, charmante brune, ont percé mon
» cœur comme une broche perce un aloyau de bœuf. J'ai de
» la fenêtre vu deux coquines racrocher un abbé et qui lui
» ont pris son manteau. »

---

(1) Pour éviter des redites inutiles, cette formule sera sous-enten-
due au commencement de l'explication de chacune des 39 pièces qui
suivent.

19.

(6) « Très illustre orateur, vous charmez tout le monde
    » Par vos sermons divins déclamés à Paris;
    » J'ai sçu qu'étant en chaire on disoit à la ronde :
    » Sa morale saisit les cœurs et les esprits. »

20.

(7) « Il ne faut rien entreprendre au-dessus de ses forces.
» Les courageux vont partout. Mon amour, ma charmante
» maîtresse, durera encore après ma mort. »

21.

(8) « J'ai dessiné dans un tableau des perroquets très ravis-
» sants par leur plumage, apportés des Iles Canaries. Il y a
» autant d'esprit à connaître les qualités des autres que leurs
» défauts. »

22.

(9) « Je ne cherche point les choses qu'elles ne soient ca-
» pables de me faire honneur. Les choses rares sont avanta-
» geuses. Les plus élevés font grace aux humbles. »

23.

(10) « J'ai deux chats qui sont si cocasses qu'ils me rejouis-
» sent tous les matins quand ils mâchent de la rate de bœuf. »

24.

(11) « La Reine d'Angleterre, remplie de vertu et qui ne
» se décourage point, fait des vœux au ciel et le supplie de
» favoriser le Chevalier de St. Georges au sujet de la Cou-
» ronne. »

25.

(12) « Je passe pour un Monarque au milieu de la Cour;
    » Ma barbe a la couleur de flamme;
    » Je suis le prophète du jour
    » Et sans blesser les lois l'époux de mainte femme. »

26.

(13) « Le Mercure est très divertissant à lire, surtout quant
» il est rempli d'aventures. Ma bergère le verre en main au-
» roit charmé le plus puissant des Dieux. »

27.

(14) « Un cœur enflammé de l'amour divin se débarrasse
» des chagrins que le monde traîne après lui. Un solitaire
» qui ne mortifie point son corps doit s'attendre à retourner
» dans le monde et sera pris dans les filets du Démon. »

28.

(15) « J'ai soupé dans une maison couverte de paille sans
» chapeau ; mais le soleil m'échauffa si fort la tête que j'en
» fus incommodé. J'ai démêlé dans l'assemblée les deux lar-
» rons de mon cœur. »

29.

(16) « L'amour d'accumuler trésors sur trésors porte un
» signe de la colère du Ciel. Voici un trait rapporté au sujet
» d'un richard. J'ai sçu qu'étant au lit de la mort son pasteur
» lui fesant embrasser la Croix en lui parlant du Salut, il lui
» dit : Monsieur, qu'est-ce qu'on dit des espèces? »

30.

(17) « L'amour a toujours enchaîné les cœurs. Vous effa-
» cez dans les cercles les plus rares beautés. »

31.

(18) « Un homme assis dans un fauteuil la pipe à la bouche
» près d'un grand feu, surtout en hiver, se divertissant à lire
» la gazette. Adorer les appas de ma bergère, c'est là mon
» seul partage. »

32.

(19) « J'ai lu Corneille, Racine, Molière, Boileau et Des-

» cartes ; c'est là toute ma science. En laissant l'épée dans le
» fourreau qui ne se croit en sûreté. »

33.

(20) « Dans un soupé un jour de Dimanche, des amis au
» bout de la table tirèrent chacun un pistolet de poche et la
» balle cassa la tête à un. »

34.

(21) « J'ai sçu qu'avec quinte et quatorze, et le point, dans
» la main, Monsieur perdit. Un homme à genoux dans une
» église, un chapelet en main , fut surpris par un filoux qui
» lui coupa la bourse. »

35.

(22) « On s'attire mille soucis dans le monde quand on en-
» treprend un grand dessein sans succès. Cupidon assis sur
» son carquois, une flèche à la main, entonnoit des louanges
» en faveur de la coquette qui aime de tous côtés. »

36.

(23) « Un homme, Mahomet, tant établit sa croyance sur
» les prétendus miracles d'un faux prophète. »

37.

(24) « Le Seigneur nous a fait vivre; c'est lui qu'il faut ai-
» mer. J'ai assez obéi à Hélène ; elle m'a occupé hier à l'Opéra.
» Sans monsieur Heroult elle eût été sans carrosse. »

38.

(25) « Mlle de *** d'un cœur sincère présente à Mr Nicolas
» un bouquet qui ne craint point les hivers. Elle croit lire
» dans ses yeux les sentimens de son cœur. »

39.

(26) « L'amour a des attraits puissans pour enchaîner les
» cœurs. Il faut que tout le monde vive , larrons et autres. »

40.

(27) « Il n'y a point, ma charmante maîtresse, dans tout
» le monde un ami plus fidèle que moi ; j'irois au Japon vous
» chercher. »

41.

(28)   « Quoiqu'un gros chien garde toujours ma porte,
      » Je ne crois pas ma femme en sûreté ;
      » Mais quand j'ai bu, j'ai la tête si forte
      » Que je suis sûr de sa fidélité. »

42.

(29) « Pour cacher mes trésors je fais ce que je puis ;
     » Je porte un masque et j'ai le voile sur la vue ;
     » Mais malgré tous mes soins souvent je suis dessus,
     » Car un mot me découvre et fait voir qui je suis. »

43.

(30) « Un vaut autant que deux, deux autant que dix mille.
     » Cent mille ne sont qu'un et rien quoiqu'infini.
     » Cette Enigme, lecteur, te paroît difficile ;
     » Mais vois et lis Barême, il dira qui je suis. »

Nota. Cette pièce est numérotée 35 par erreur.

44.

(31) « Il faut de la science pour les armes et encore plus
» pour gouverner. Il n'y a rien d'impossible à la vertu. »

45.

(32) « Il fait voir sa prudence de tout côté et n'est pas indif-
» férent sur nos malheurs. Je suis assuré de voir mes peines
» récompensées.

46.

(33) « L'on n'oublie jamais les premiers amours. Rien ne
» surpasse ma fidélité. Vous méritez d'être aimé aux dépens
» de ma vie. »

47.

(34) « C'est dans le vin que la prudence se fait voir. Les
» beaux yeux des Dames sont pour moi des flèches très per-
» çantes. Mon amour durera plus que le vôtre. »

48.

35) « Ma Bergère, aimez-moi, je sçais bien comme on aime ;
   » Mais quand, pour son repos, mon cœur n'en sauroit rien,
   » Hélas ! en vous voyant, sans y réfléchir même,
   » Chacun en ce bel art ne s'instruit que trop bien. »

49.

(36) « N'espérez point, Iris, aux vains appas du monde,
   » Sa lumière est un verre et son éclat une onde
   » Que toujours certain vent empêche de calmer ;
   » Laissez là ses attraits, lassez-vous de l'aimer. »

50.

(37) « Un Berger dans un bois, assis sur une pierre, tenant
» sa houlette accotée sur son chien, gardant ses moutons sur
» le bord d'un ruisseau, disoit en chantant : Elle est morte la
» vache à Panier. »

51.

(38) « Des grands et des petits, l'illustre Régent est adoré.
   » Monsieur l'Abbé, où allez-vous ;
   » Allez-vous vous casser le cou ?
   » Vous allez sans chandelle,
   » Eh ! bien,
   » Chercher les Demoiselles,
   » Vous m'entendez bien. »

52.

(39) « Ami, n'imitez point ces certains fanfarons,
   » Qui promettent toujours et manquent de paroles ;

» Sans maison et sans feu, même sans une obole,
» Chacun dans les cercles les traitent de Barons. »

53.

(40) « Il y a bien de la bêtise à nier que le hazard préside à
» nos opérations ; tout en dépend ; l'astre au logogriphe pré-
» side ; il le fait souvent naître ou commun, ou spirituel. »

54. *Nouveau Jeu de Rébus.*

Grande estampe contenant plusieurs encadremens
de Rébus avec des numéros au nombre de 67 qui
renvoient à des explications, offrant les règles de ce
jeu, qui se lisent sur cette estampe.

Elle est terminée, après un compliment au Régent, par ces mots : *Ce Ieu de Rébus se joue auec
deux dez Comme le jeu de l'oye,* etc.

*Se vend à Paris. Chez Mortin, sur le Pont
Nôtre Dame aux Belles estampes* 1716.

*Il vend aussi un livre de Rébus dédié A. S. R.
Madame de Berri.*

Largeur : 16 po. 10 l. Hauteur : 13 po. 5 l.

Le Roman comique.

Notre artiste a habilement retracé les différens
épisodes de ce célèbre ouvrage de Scarron, dans une
suite de trente-huit morceaux, dont vingt et un seulement ont été gravés par lui-même.

Parmi ces vingt et un morceaux, nous n'avons pu
rencontrer que les douze que nous allons décrire.

On connaît cinq états de ces planches :

I. Avant toute lettre ; il n'est qu'à l'eau-forte.

II. Fini au burin, avant le titre du sujet, mais avec ces

mots dans la marge, au dessous du trait carré, à gauche : *Inventé et gravé par I. B. Oudry*; et à droite : *Avec Privilege du Roi.*

III. Avec le titre du sujet au milieu de la marge, comme nous allons l'indiquer dans notre description, suivi de l'adresse de l'auteur et de *Duchange.* Cet état est avant les numéros.

IV. Le titre du IIIe état a été effacé et remplacé par un autre, non suivi des indications de ce IIIe état; mais, sous ce titre, on lit l'explication de la composition. Cet état porte un numéro dans la marge du haut, à droite, et est avec l'adresse de Huquier.

V. Avec l'adresse de *Desnos.* Cet éditeur, qui a laissé subsister les anciens numéros, en a mis d'autres qui en diffèrent. Ainsi, par exemple, la pièce nº 5 du IVe état porte le nº 19 sur un rocher, au milieu du bas.

55. *Arrivée des Comédiens au Mans.*

Liv. I, chap. I.

(1) Ils se dirigent à gauche où se voit l'auberge.

Largeur : 16 po. 3 l. Hauteur : 13 po. 7 l., y compris 17 l. de marge.

56. *Bataille arrivée dans le Tripot.*

Liv. I, chap. III.

(2) La mêlée a lieu au milieu de l'estampe, où se voit l'un des pères capucins; l'autre est au fond de la gauche.

Largeur : 16 po. 2 l. Hauteur : 13 po. 5 l., y compris 10 l. de marge.

57. *La Rappinière tombe sur la Chèvre.*

Liv. I, chap. IV.

(3) Destin, l'épée à la main, se voit au haut de l'escalier, au milieu du fond.

Hauteur : 13 po. 5 l., y compris 16 l. de marge : Largeur :
10 po. 4 l.

58. *L'Aventure du pot de chambre.*
Liv. I, chap. VI.

(4) Le lit occupe le fond de la droite en s'étendant jusqu'aux trois quarts de la largeur de l'estampe.

Hauteur : 13 po. 5 l., y compris 16 l. de marge. Largeur :
10 po. 6 l.

59. *La Rancune en brancard abattu dans le bourbier.*
Liv. I, chap. VII.

(5) Venu du fond de la gauche, le brancard est
au milieu ; le cheval de devant s'abat dans le bourbier, au bas de la droite.

Même dimension.

60. *Ragotin s'attire un coup de busc.*
Liv. I, chap. X.

(6) Il se voit à gauche, où sont mademoiselle de
l'Étoile et Angélique ; celle-ci le frappe.

Même dimension.

61. *La Rancune coupe le chapeau de Ragotin qui était enfoncé.*
Liv. I, chap. X.

(7) La Rancune, armé des ciseaux de mademoiselle de la Caverne, s'avance, de la gauche, vers
Ragotin, qui est du côté opposé.

Même dimension.

62. *Ragotin enivré par la Rancune.*

Liv. I, chap. XI.

(8) Assis au milieu de l'estampe, Ragotin a été tourné, dans sa chaise, vers le feu qu'on avait allumé dans la cheminée qui est à droite.

Même dimension.

63. *Le Destin se signale dans le combat de nuit.*

Liv. I, chap. XII.

(9) Mlle de la Caverne et Angélique paraissent à gauche, à la porte de la chambre, avec de la lumière.

Même dimension.

64. *Renouvellement du combat où deux servantes reçoivent des claques sur les fesses.*

Liv. I, chap. XII.

(10) L'une de ces filles est étendue au fond de la droite, l'autre au bas de la gauche.

Largeur : 16 po. 2 l. Hauteur : 13 po. 8 l., y compris 18 l. de marge.

65. *Mauvais succès qu'eut la civilité de Ragotin.*

Liv. I, chap. XVIII (1).

(11) Ragotin est tombé sur l'escalier de l'hôtellerie qui aboutit du fond de la gauche au milieu du bas.

Hauteur : 13 po. 8 l., y compris 18 l. de marge. Largeur : 10 po. 4 l.

---

(1) Il y a erreur ici : c'est chap. XVII qu'il faudrait lire.

66. *Ragotin à cheval, avec une carabine qui lui tire entre les jambes.*

Liv. I, chap. XX.

(12) On le voit à la gauche du bas ; les carrosses sont au fond de la droite.

Même dimension.

PIÈCES DOUTEUSES.

1. *L'Arabesque à l'écusson couronné.*

Une tablette s'élève au dessus de deux lions chimériques, ayant à ses côtés deux branches d'arbre, au bas desquelles sont deux groupes de livres. Un écusson armorié, surmonté d'une couronne ducale, au delà de laquelle brille le soleil, est placé au milieu de la composition. Pièce sans marque.

Hauteur : 4 po. 6 l. Largeur : 4 po.

On connaît deux états de cette planche : ·
I. A l'eau-forte seulement.
II. Terminé fort proprement au burin.

2. *La Vignette aux deux cartouches ronds.*

Sur un fond de paysage, légèrement esquissé, se voient deux ronds, séparés par un trophée d'armes, recouverts, chacun, par un baldaquin. Celui à droite offre la représentation de Jésus-Christ parlant à ses disciples ; le sujet de l'autre est une apparition. Pièce sans marque.

Largeur : 6 po. 9 l. Hauteur : 3 po. 1 l.

3. *La Vignette aux deux cartouches ovales.*

Deux cartouches environnés d'arabesques sont placés en avant d'un paysage garni de pyramides. Dans celui de la gauche, on voit Moïse recevant les tables de la Loi, et dans l'autre, le Saint Esprit descendant sur la Vierge et les Apôtres. Ces cartouches sont liés par une banderolle propre à recevoir une devise, au dessus de laquelle vole l'Ange exterminateur.

Même dimension.

CHARLES PARROCEL.

CHARLES PARROCEL, né à Paris en 1688, d'autres disent en 1689, était fils de Joseph Parrocel, célèbre peintre de batailles.

Il fréquenta quelque temps l'école de Charles *de La Fosse*, et passa en Italie où il demeura quelques années. De retour à Paris, « il se consacra, dit » M. Levesque, au genre de son père, eut moins de » chaleur dans le coloris, mais plus de vérité. Il » s'était engagé dans la cavalerie pour mieux étu- » dier les sujets qu'il devait représenter. Il fut choisi » pour peindre les conquêtes de Louis XV. Les ta- » bleaux dans lesquels il a représenté l'entrée de » l'ambassadeur turc ont été très estimés ; on les a » exécutés en tapisseries aux Gobelins. Il est mort » en 1752. »

Il a gravé à l'eau-forte, d'une pointe badine et spirituelle, les trente-sept pièces que nous allons décrire.

OEUVRE

DE

CHARLES PARROCEL.

1 A 18. — VIGNETTES DÉCORANT L'OUVRAGE INTITULÉ : *École de Cavalerie*, par M. DE LA GUÉRINIÈRE, écuyer du roi; 2 vol. in-8°. Paris, Guérin, 1736.

Ces pièces, qui ont pour encadrement un double trait carré, paraissent avoir été gravées sur douze planches, savoir :

Les n°s 1, 12, 14, 16, 17 et 18, sur chacun une;

Le n° 2 est le côté droit d'une planche dont le n° 5 est le côté gauche;

Le n° 3 est le côté gauche d'une planche dont le n° 11 est le côté droit;

Le n° 4 est le côté droit d'une planche dont le n° 6 est le côté gauche;

Le n° 7 est le côté droit d'une planche dont le n° 8 est le côté gauche;

Le n° 9 est le côté droit d'une planche dont le n° 10 est le côté gauche;

Et le n° 13 est le côté droit d'une planche dont le n° 15 est le côté gauche.

On trouve, mais rarement, des épreuves non divisées de quelques unes de ces six dernières planches, et plus rarement encore des épreuves de quelques uns de ces morceaux à l'eau-forte pure et sans le nom du maître.

1. *Frontispice.*

(1) Cheval tourné à gauche au milieu de l'estampe qui représente une cour verte. Il est tenu par un valet d'écurie ayant un chien accroupi à ses pieds. A droite, un écuyer, la cravache à la main, démontre à un cavalier, accompagné d'une dame, les parties extérieures de l'animal, indiquées par des chiffres qui renvoient à des explications contenues dans deux bandes latérales.

Dans la marge du haut, on lit : *LE NOM et LA SITUATION DES PARTIES EXTÉRIEURES DU CHEVAL;* et plus bas, à gauche : *Page 1;* et dans celle du bas, à gauche : *C. Parrocel del. & sculp.*

Largeur, y compris les bandes : 8 po. 4 l. Hauteur : 7 po., y compris les marges, qui portent chacune 6 l.

2. *Le Pas. — Le Trot* (1).

(2) Deux sujets sur la même feuille en hauteur. Celui du haut représente un cavalier allant au pas, à droite, précédé de son chien. Celui du bas offre un palefrenier allant au trot, du même côté, où, dans le lointain, on aperçoit un autre palefrenier faisant le même exercice.

Au haut de la gauche, au delà du trait carré, on lit : *T. 1, p. 137;* et au bas, du même côté, sous le trait carré : *C. Parrocel inv. & sculp.*

---

(1) Chacun de ces mots est écrit dans la marge de chaque sujet, et nous nous dispenserons de les copier dans le cours de la description. Cette observation s'applique aux autres numéros de cette suite.

Hauteur : 6 po. 3 l., y compris l'emplacement des inscriptions. Largeur : 3 po. 7 l.

Nota. Cette mesure est commune aux n°s 3, 4, 5, 6, 7, 8, 9, 10, 11 et 12.

3. *Le Galop uni à droite. — Le Galop faux à droite.*

(3) *Ibidem.* Celui du haut représente un cavalier galopant à droite, où, dans le lointain, on aperçoit un autre cavalier. Celui du bas offre un cheval galopant du même côté, et après lequel court un homme. Au haut de la droite : *T. 1. p. 139. 1 f.;* et au bas : *C. Parrocel inv. & sculp.*

4. *Le Galop désuni du devant à droite. — Le Galop désuni du derrière à droite.*

(4) *Ibidem.* Celui du haut représente un cheval galopant à droite, où, dans le lointain, on voit une chaumière. Celui du bas offre un cheval galopant du même côté, où se voit un arbre mort. Au haut, à droite : *T. 1. p. 139. 2. f.;* et au bas : *C. Parrocel inv & sculp.*

5. *Le Galop uni à gauche. — Le Galop faux à gauche.*

(5) *Ibidem.* Le sujet du haut représente un cavalier galopant à gauche. Celui du bas offre un cheval galopant du même côté, où l'on voit, dans le lointain, un homme venant à sa rencontre. Au haut de la gauche : *T. 1. page 141. 1. f.;* et au bas : *C. Parrocel inv. & sculp.*

6. *Le Galop désuni du devant à gauche. — Le Galop désuni du derrière à gauche.*

(6) *Ibidem.* Le sujet du haut représente un cheval galopant à gauche, où, dans le lointain, on aperçoit un bouquet d'arbres. Celui du bas offre un cheval galopant du même côté, où l'on voit une chaumière dans l'éloignement. Au haut de la droite: *T. 1. page 141. 2. f.;* et au bas : *C. Parrocel inv. & sculp.*

7. *L'Amble. — L'Aubin.*

(7) *Ibidem.* Le sujet du haut représente un cavalier allant au pas d'amble, à droite. Celui du bas offre un courrier allant à l'aubin, à gauche. Au haut de la droite : *T. 1. Page 142;* et au bas : *C. Parrocel inv. & sculp.*

8. *Le Passage. — La Galopade.*

(8) *Ibidem.* Celui du haut représente un cavalier sortant d'entre les piliers, et allant d'un trot mesuré et cadencé vers la droite. Celui du bas représente un écuyer allant du même côté au galop de manége. Au haut de la gauche : *T. 1. Page 145;* et au bas : *C. Parrocel inv. & sculp.*

9. *Volte à droite. — Pirouette à gauche.*

(9) *Ibidem.* Le sujet du haut représente un cavalier faisant faire à son cheval la volte à droite ; un chien vu de face est au bas du même côté. Celui du bas représente un cavalier faisant pirouetter son cheval à gauche, où, dans le lointain, on aperçoit

un cavalier franchissant les piliers. Au haut de la gauche : *T. 1. Page* 147; et au bas : *C. Parrocel inv. et sculp.*

10. *Terre-à-terre. — Mézair.*

(10) *Ibidem.* Le sujet du haut offre un cavalier dirigeant son cheval à droite, où, dans le lointain, deux cavaliers font la même manœuvre. Celui du bas représente un cavalier faisant faire le mézair à son cheval qu'il dirige à droite, où, dans l'éloignement, se voit un manége. Au haut de la gauche : *T. 1. Page* 149. 1. *f.;* et au bas : *C. Parrocel inv. & sculp.*

11. *Pesade. — Courbette.*

(11) *Ibidem.* Le sujet du haut représente un cavalier faisant faire la pesade à son cheval qu'il dirige à droite, où, dans le lointain, un cavalier galope. Celui du bas offre un cavalier faisant faire la courbette à son cheval qu'il dirige à gauche, où, dans l'éloignement, se voit un autre cavalier. Au haut de la droite : *T. 1. Page* 149. 2. *f.;* et au bas : *C. Parrocel inv & sculp.*

12. *Ballottade. — Croupade.*

(12) *Ibidem.* Le sujet du haut représente un écuyer faisant faire la ballottade à son cheval lancé à gauche, où, dans l'éloignement, se voit un pilier. Celui du bas représente un écuyer faisant faire la croupade à son cheval qui est lancé à droite, où, dans le lointain, on voit un cavalier dont le cheval

rue. Au haut de la gauche : *T. 1. Page 151. 1. f.;* et au bas : *C. Parrocel inv. & sculp.*

13. *Cabriole. — Le Piaffer dans les piliers.*

(13) *Ibidem.* Le sujet du haut représente un écuyer faisant faire la cabriole à son cheval dirigé à gauche, où, dans le lointain, on voit un spectateur au delà de la barrière. Celui du bas représente un cavalier faisant piaffer son cheval entre deux piliers, en le dirigeant à gauche, où l'on voit un écuyer debout. Au haut de la droite : *T. 1. Page 151. 2. f.;* et au bas : *C. Parrocel inv. & sculp.*

Même dimension, sauf que le premier sujet a 3 l. de plus que le second, en largeur.

14. *Officier de cavalerie.*

(14) Il a l'épée à la main et se dirige, à droite, dans une campagne dont le fond est animé par un corps de cavalerie. Au haut de la droite : *T 1. page 271. 1 f.;* et dans la marge : *C. Parrocel inv. & sculp.*

Hauteur : 5 po. 8 l., y compris les marges du haut et du bas. Largeur : 3 po. 6 l.

15. *Cavalier.*

(15) Il a le sabre à la main et se dirige à gauche, en regardant de face dans une campagne dont le fond est animé par des soldats de son arme qui se livrent à différens exercices. Au haut de la droite : *T. 1 page 271. 2. f.;* et dans la marge : *C. Parrocel inv. & sculp.*

Hauteur : 6 po. 2 l., y compris les marges du haut et du bas. Largeur : 3 po. 8 l.

16. *La course des Têtes et de la Bague.*

(16) Ce morceau offre la vue d'un hippodrome, garni, çà et là, de quelques arbres et de buissons, dans lequel des cavaliers se livrent à divers exercices d'équitation désignés dans le champ même de la composition, au centre de laquelle se voient des spectateurs d'états, de conditions et de nations divers. Au milieu du haut, on lit le titre *ci-dessus* de ce morceau.

Au delà du trait carré, à la gauche du haut : *Page* 302.; et au dessous du trait carré, à la gauche du bas : *C. Parrocel del. & sculp.*

Largeur : 8 po. 10 l. Hauteur : 6 po. 3 l.

17. *Le Squelette du Cheval.*

(17) Vue de l'Abattoir d'un équarrisseur. Sur le premier plan, on aperçoit le squelette d'un cheval, dont les différentes parties sont numérotées par des chiffres qui renvoient aux explications contenues dans deux colonnes latérales. A gauche, on lit, au haut : *Page* 1. *T.* 2.; et au bas : *C. Parrocel del. et sculp.*

Largeur, y compris les banderolles : 8 po. 11 l. Hauteur : 6 po.

18. *Maladies du Cheval.*

(18) Un palefrenier, tenant un cheval par le bridon, le fait trotter à droite en regardant trois spectateurs debout du côté opposé. Le fond de la droite

est occupé par la forge d'un maréchal. Les parties de l'animal sont indiquées par des chiffres qui renvoient à des explications contenues dans deux bandes latérales. Dans la marge du bas, on lit, indépendamment du titre *ci-dessus* du sujet : *Page 23. T. 2*; et dans celle du bas : *C. Parrocel del. et sculp.*

Largeur : 8 po. 4 l., y compris les bandes. Hauteur : 6 po. 3 l., y compris les marges.

19 à 24. — ÉTUDES DE SOLDATS.

SUITE DE SIX PIÈCES NON CHIFFRÉES

TRAITÉES DANS LE GOUT DE *Salvator Rosa* (1).

Hauteur des trois premiers morceaux : 6 po. 10 l., y compris 7 l. de marge; et des trois derniers : 7 po., y compris 10 l. de marge par en bas, en négligeant celle du haut, qui est égale. Largeur de tous : 4 po. 7 à 9 l.

On connaît deux états de ces pièces :

I. Avant la lettre.

II. C'est celui décrit.

19. *Les deux Hommes de guerre.*

(1) Un cavalier barbu, la tête couverte d'un turban qu'ombrage un panache, est debout, vu de face; il tient d'une main la garde de son épée, et fait de

---

(1) Cette suite était composée de 7 pièces dans la collection Paignon-Dijonval, parce qu'on y avait réuni, comme frontispice, un morceau qui, bien que portant le nom de Parrocel, n'est que d'après son dessin. Ce morceau sert aujourd'hui de frontispice à un recueil qui se vend, à Paris, chez la *veuve Jean*, lequel comprend et les six morceaux de notre suite, et douze pièces gravées à l'eau-forte par *J.-G. Will*, d'après les dessins du maître.

l'autre une indication, vers la gauche, à un cuirassier couché au bas de ce côté. Sur la terrasse, au bas de la droite, les initiales du maître (*C. P.*, que nous rapportons n° 13 de nos planches auxiliaires); et dans la marge, à gauche : *C. Parrocel Pinx. Sculp.*

20. *Le Réveil du Chef.*

(2) Un chef est assis, les jambes croisées, sur un tertre, à droite, appuyé sur son bouclier. Il tourne la tête et semble écouter le rapport de l'un de ses soldats. Dans la marge, à gauche : *C. Parrocel Pinx. et sculp.*

21. *Les Rameurs.*

(3) Une barque à la voile se voit, en partie, dans ce morceau, montée par quatre hommes, dont deux rament. Un poisson souffleur est au bas de la droite. Dans la marge, à gauche : *C. Parrocel. Pinx. et Sculp.*

22. *Le Cuirassier assis.*

(4) Sur un tertre, au pied d'un gros arbre, à droite, un cuirassier, dont le casque est à terre, est assis, tourné à gauche, posant une main sur son bouclier, et s'appuyant de l'autre sur sa pique. Deux soldats sont assis, vus par derrière, dans le fond de la gauche. Dans la marge, de ce dernier côté : *C. Parrocel Pinx. Sculp.*

23. *Le Cheval dans le travail.*

(5) Un cheval se voit en partie dans un travail,

au fond de la droite. Le maréchal lui administre,
avec effort, une médecine, ce que regarde le maître
de l'animal, debout, au fond, du côté opposé. Dans
la marge, à gauche : *C. Parrocel Pinx et Sculp.*

24. *Les Pêcheurs.*

(6) Le bas de ce morceau est occupé par l'une
des extrémités d'un bateau pêcheur, sur lequel deux
hommes tirent avec effort un filet rempli de poissons,
qu'un troisième, vu dans l'eau, au fond de la gauche les aide à soulever : *C. Parrocel Pinx et Sculp.*

25. *Le Mousquetaire.*

Il est à cheval, vu de trois quarts, au milieu de
l'estampe, donnant des ordres à l'un de ses cama-
rades, vu par derrière, au fond de la gauche, et
auquel il fait une indication à droite. Sur la terrasse,
au bas de ce côté, les lettres : *C. P f.* fort mal
exprimées.

Hauteur : 6 po. 9 l. Largeur : 6 po. 2 l.

26. *Le Timbalier des Mousquetaires.*

Il est vu de trois quarts, au milieu de l'estampe,
se dirigeant à droite, tenant ses baguettes dont il
frappe ses timbales. Sa compagnie est dans le fond,
et semble le suivre. Un trompette est dans le fond
de la droite ; son cheval est en partie caché par le
mouvement du terrain. Sur la terrasse, au bas de
la droite : *C. Parrocel.*

Même dimension.

27. *Trompette et Timbalier en regard.*

Ce morceau, qui paraît avoir été fait pour être
divisé en deux sur la hauteur, représente 1° un tim-
balier frappant ses timbales et dirigé à droite ; 2° et
un trompette sonnant de son instrument en se dirigeant pareillement à droite.

Au bas de la gauche, sous la partie du trompette :
Parrocel.

Largeur : 6 po. 8 l. Hauteur : 4 po.

28. *Les deux Cavaliers.*

Pendant du morceau précédent. Deux cavaliers,
en regard et l'épée à la main, semblent se diriger
l'un contre l'autre ; ils occupent les deux côtés de
l'estampe. Au bas, à gauche : *C. Parrocel.*

Largeur : 7 po. Hauteur : 3 po. 11 l.

29. *La Cantinière au camp.*

Ce morceau offre une cantinière debout, à droite,
recevant une pièce de monnaie d'un cavalier debout,
en face d'elle, vers le milieu du sujet, ce que regarde
un autre cavalier allumant un feu au bas de la
gauche.

Au bas de la droite, des caractères que nous n'a-
vons pu déchiffrer.

Hauteur : 6 po. 8 l. Largeur : 6 po. 2 l.

30. *Le Cavalier.*

Il est vu de profil, et dirigé à gauche, où il regarde. Son cheval retourne la tête sur le devant de

la droite. Dans le fond de ce dernier côté, on voit deux cavaliers en perspective. Sur la terrasse, à gauche : *C. Parrocel f.*

Hauteur : 8 po. 1 l. Largeur : 6 po. 1 l.

31. *Le Dragon.*

Il se dirige à gauche, tenant son fusil debout sur le cou de son cheval. Sur la terrasse, au bas de la gauche : *C. Parrocel f.*

Hauteur : 8 po. 1 l. Largeur : 6 po. 1 l.

32. *Autre Dragon.*

Il galope à droite, où il fait une indication, tout en regardant du côté opposé. Sur la terrasse : *C. Parrocel f.*

Hauteur : 8 po. 1 l. Largeur : 6 po. 2 l.

33. *Autre Dragon.*

Vu de profil et tourné à gauche, il paraît arrêté au milieu de l'estampe. Il tient son fusil élevé devant lui. Sur la terrasse, au milieu du bas : *C. Parrocel f.*

34. *Le Soldat en faction.*

Un soldat debout, la main droite pendante, et tenant de l'autre son fusil sur l'épaule, est vu de face, au milieu de l'estampe, dont le fond à droite semble indiquer un camp. Au bas de la gauche : *C. Parrocel.*

Hauteur : 8 po. Largeur : 6 po. 1 l.

35. *La Chasse au Lion.*

Un lion furieux s'est jeté sur un cavalier indien

qui occupe le milieu de l'estampe. Un autre cavalier accourt au secours du premier du fond de la droite, tandis que deux fantassins débouchent, à cet effet, de la gauche. Pièce sans marque.

Largeur : 4 po. 4 l. Hauteur : 2 po. 2 l.

36. *Bataille.*

Un cheval blessé gît au bas de la droite, et deux hommes morts se voient au bas du côté opposé ; deux chefs en viennent aux mains au milieu.

Sur la terrasse : *C. Parrocel f. Pour son Amy Silvestre en buvant chopine.* Ces trois derniers mots par renvoi au milieu du bas.

Largeur : 7 po. 8 l. Hauteur : 4 po.

37. *Griffonnemens.*

Ce morceau représente quatre sujets d'étude griffonnés dans différens sens de la planche. Le premier offre un cavalier debout à côté de son cheval ; le second, deux Turcs vus de face en buste ; le troisième, une tête d'homme et une tête de cheval ; et le quatrième, l'intérieur d'un manége. Pièce sans marque.

Largeur : 6 po. 8 l. Hauteur : 6 po. 2 l.

—

NOEL-NICOLAS COYPEL.

Fils de Noël, frère germain d'Antoine et oncle de Charles Coypel, dont nous publions les œuvres dans ce volume, cet artiste naquit à Paris en 1692.

Élève de son père qu'il eut le malheur de perdre à quinze ans, la fortune ne lui permit point d'aller à Rome; il se forma d'après les antiques et les ouvrages des grands maîtres qui se trouvaient à Paris.

Membre de l'Académie, dont il fut élu professeur, il est mort à Paris en 1735, âgé de quarante-trois ans, lorsqu'il commençait à jouir de la réputation que lui avaient justement méritée les tableaux dont M. d'Argenville transmet le souvenir.

D'après cet auteur, que Basan, Heinecken, Huber et Rost ont évidemment copié, notre artiste a gravé à l'eau-forte quatre pièces, qui sont : 1.° sainte Thérèse; 2° le Triomphe d'Amphitrite; 3° une Femme dormant sous un pavillon qu'un Satyre découvre, et ayant l'Amour à côté d'elle; 4° et une autre femme en demi-figure qui caresse un pigeon.

Mais M. Bénard, qui cite les n°⁵ 1, 2 et 4, et se tait sur le n° 3, désigne ainsi trois autres morceaux qui faisaient aussi partie de la collection Paignon-Dijonval, savoir : *L'alliance de Bacchus et de Vénus*, terminée par Le Bas; *le Bain de Diane*, idem;

et *l'État florissant de la France*, petite estampe allégorique, en largeur, sans nom.

De toutes ces pièces, nous n'avons réussi à voir qu'une seule, et nous allons la décrire.

Sainte Thérèse.

La sainte est assise, à droite, dans une attitude extatique, les bras ouverts et les yeux levés au ciel. Un ange tenant un dard flamboyant vole à gauche. Composition dans un ovale dont les angles sont marbrés.

Dans la marge, à gauche : *Peint et gravé par N. N. Coypel;* à droite : *Terminé au burin par J. P. Le Bas;* au milieu : SAINTE THÉRÈSE; et au bas : *A Paris chez Le Bas graveur-du Roy au bas de la rüe de la Harpe vis à vis la rüe Percée chez un Fayanner.*

Hauteur : 7 po. 7 l., y compris 4 l. 1|2 de marge. Largeur : 5 po. 10 l.

On connaît deux états de cette planche :

I. A l'eau-forte pure; l'ovale, dont les angles sont blancs, est légèrement indiqué. Autour du bas de l'ovale, on lit : *peint et Graué par N. N. Coypel,* comme nous le rapportons n° 14. En cet état, la planche a 2 l. de plus en hauteur.

II. Terminé; c'est celui décrit.

CHARLES COYPEL.

CHARLES COYPEL, à qui quelques auteurs donnent les prénoms de Louis-Charles et de Charles-Antoine (1), était fils d'Antoine dont nous publions l'œuvre dans ce volume, et naquit à Paris en 1694.

Élève de son père et son imitateur, mais avec une très grande infériorité de talent, il fut successivement professeur, recteur et directeur de l'Académie royale. La faveur l'éleva, en 1747, à la place de premier peintre du roi, dont il cumula les fonctions avec celles de garde des Dessins du Cabinet du roi et de censeur royal. « Son grand défaut, que rien ne » peut réparer, dit *M. Levesque*, était de manquer » absolument de caractère; il quitta l'histoire pour » la bambochade, et se trouva encore inférieur en » ce genre. » Il mourut à Paris en 1752, d'autres disent en 1753.

Nous devons à sa pointe, mêlée à celle du comte de Caylus dans les trois derniers numéros de l'œuvre, trente pièces parmi lesquelles il s'en trouve sept que nous ne faisons qu'indiquer, et qui font partie d'une suite que nous supposons composée de neuf, dont M. Bénard a aperçu sept morceaux dans la collection Paignon-Dijonval, et qu'il a attribués, par erreur, au père de notre artiste.

MM. de Heinecken, Huber et Rost, qui se taisent sur plusieurs des pièces de notre catalogue, citent

(1) Les initiales des n°ˢ 21 et 23 semblent fortifier leurs assertions.

les morceaux ci-après, qu'ils attribuent à Coypel, savoir : 1° *le Portrait de François Botet ou Potet;* 2° *la Tête du peintre Cigoli;* 3° *une Vierge en demi-figure;* 4° *un Crucifix au pied duquel on voit la Madeleine*, morceaux que nous n'avons pas vus; 5° *l'Amour, figure debout, pièce in-folio.* Cette pièce aura peut-être été confondue avec notre n° 28; 6° *un Berger en conversation avec deux Bergères*, pièce que nous n'avons pas aperçue, et qu'ils n'auront sans doute pas confondue avec notre n° 21 qu'ils citent; 7° *une Coiffeuse dans son atelier;* 8° *six Pièces de figures d'Opéra en caricature;* 9° *trois Pièces de l'histoire du chat de madame la marquise du Deffant;* 10° *Tragédie jouée par des chats;* 11° *Coquettes et Petits Maîtres entrant aux Tuileries, in-folio;* 12° *le Maître d'école apprenant à lire à une jeune fille, in-folio;* 13° *Esquisse pour un tombeau.* Mais tous ces morceaux, que nous connaissons, sont de la pointe de M. le comte de Caylus, et Coypel n'a pris part à certains d'entre eux que comme dessinateur, et à la fois comme dessinateur et comme poète dans le n° 13, plus connu sous le titre d'*Épitaphe du comte de Morville.*

Enfin, M. de Heinecken, dont l'investigation a été plus ample, cite encore comme étant de notre artiste, 1° *une sainte Vierge demi-figure adorant l'Enfant Jésus qui dort dans le berceau*, pièce anonyme dans le goût du Guide; 2° *la Tête d'une sainte Madeleine*, pièce anonyme; 3° *Têtes d'un Satyre et d'une Vénus*, petites pièces anonymes; mais nous n'avons jamais pu rencontrer ces pièces.

—

OEUVRE

DE

CHARLES COYPEL.

PIÈCES D'APRÈS SES PROPRES COMPOSITIONS.

—

1. *L'Amour ramoneur.*

Il est assis de face et riant, à l'entrée d'un œil-
de-bœuf, au milieu de l'estampe, tenant, d'une
main, un rabot de ramoneur, et écartant, de l'autre,
un rideau qui le cache en partie. Pièce sans nom.
Sur le renfoncement de l'appui, ces vers :

> *Vous qui faites cas de l'honeur*
> *Fillettes dont l'âme est bien née*
> *De ce dangereux ramoneur*
> *Gardez bien vôtre cheminée.*

Hauteur : 7 po. 9 l. Largeur : 5 po. 9 l.

On connaît trois états de cette planche :

I. Moins travaillée. On n'aperçoit que le premier vers de
l'inscription, très finement tracé par l'artiste même; nous le
rapportons n° 15 des planches auxiliaires.

II. On aperçoit les quatre vers très finement tracés.

III. C'est celui décrit, dans lequel les vers ont été gravés
fortement.

2. *L'Amour précepteur.*

Une jeune fille est assise de face à une table occupant tout le travers du devant ; elle paraît écrire une lettre sous la dictée de l'Amour, qui se penche à son oreille. Pièce sans marque.

Hauteur : 5 po. 3 l., y compris 17 l. de marge. Largeur : 3 po. 6 l.

3. *Vénus arrêtant l'Amour.*

Assise, à gauche, au pied d'un tertre couronné d'arbres, elle regarde du côté opposé où s'enfuit l'Amour qu'elle arrête par un pan de sa draperie. Pièce sans marque.

Largeur : 3 po. 3 l. Hauteur : 3 po.

---

4 A 12. — LES MUSES.

—

4. *Clio.*

5. *Euterpe.*

6. *Thalie.*

7. *Melpomène.*

Elle est assise, vue de face, sur un nuage, au milieu, tenant d'une main un glaive qu'elle lève au dessus de l'Amour appuyé, à gauche, sur les genoux de la Muse. Composition dans un ovale en hauteur.

Dans la marge, près du trait carré : *Coypel inv. et fecit ;* et au milieu : LA TRAGÉDIE.

Hauteur : 5 po. 9 l., y compris 5 l. de marge. Largeur : 3 po. 6 l.

On connaît deux états de cette pièce :

I. Avant la lettre.

II. C'est celui décrit.

8. *Terpsichore.*

9. *Érato.*

10. *Polymnie.*

11. *Uranie..*

12. *Calliope.*

Debout, au milieu de l'estampe, à côté d'un socle sur lequel sont posés des livres, la Muse de l'Éloquence,. dans l'attitude de la déclamation, lève le bras et regarde le ciel. Pièce sans marque et de forme ovale.

Hauteur : 4 po. 6 l. Largeur : 2 po. 9 l.

---

13 A 16. — HISTOIRE D'UNE DÉVOTE.

(Morceaux au trait et sans marques.)

Hauteur : 4 po. Largeur : 2 po. 9 l.

---

13. *Elle va à la messe.*

La gauche de ce morceau est occupée par la figure, debout et vue de face, d'une femme à la mine rébarbative, qui s'avance, l'œil baissé, tenant de ses deux mains son livre devant elle. La droite présente la même figure vue par le dos et marchant au fond.

14. *Elle s'offre en holocauste.*

La figure vue dans le morceau qui précède est agenouillée, les bras étendus vers la droite. Son air de jubilation contraste avec celui qu'elle a dans la première pièce.

15. *Elle querelle sa servante.*

Debout, en colère, à gauche, et une main appuyée sur la hanche, la dévote lève l'autre, en signe de réprimande, vers sa chambrière debout en face d'elle, à droite, et tenant un balai.

16. *Elle calomnie le prochain.*

Trois femmes, parmi lesquelles on reconnaît la dévote, sont groupées debout, au milieu de l'estampe; elles semblent s'entretenir avec dignité, mais pourtant avec beaucoup de véhémence.

17 A 20. — FIGURES DE MODES.

17. *Petit-maître faisant semblant de penser.*

Il est vu de face, au milieu, portant épée, claque sous le bras et un manchon pendu à sa ceinture. Sa tête est penchée, et il regarde à terre. Au bas : *Petit Maître faisant semblant de penser.*

Hauteur : 4 po. 3 l. Largeur : 3 po. 2 l.

18. *Petit-maître regardant fièrement.*

Pendant du morceau précédent. Ce personnage est vêtu comme celui que nous venons de décrire, sauf qu'il n'a pas de manchon. Une main est passée sous sa veste ; l'autre est pendante ; il re-

garde fièrement en l'air. Au bas de la gauche :
C. Coypel f.

Hauteur : 4 po. 9 l. Largeur : 2 po. 7 l.

19. *Vieux Petit-maître.*

Il est debout, au milieu, marchant à gauche et
regardant du côté opposé. Pièce sans marque.

Hauteur : 4 po. Largeur : 2 po. 9 l.

20. *Vieille Coquette.*

Pendant du morceau qui précède. Elle est debout,
au milieu, marchant à droite et regardant du côté
opposé. Pièce sans marque.

Même dimension.

21. *La Diseuse de bonne aventure.*

A l'entrée d'un parterre orné d'une fontaine jail-
lissante, sur le perron d'une riche habitation étant
à gauche, un jeune seigneur est assis, ayant à ses
côtés sa jeune épouse et une femme qui lui dit sa
bonne aventure. Au bas de la droite, on lit, non
sans difficulté : *C. A. Coypel inv. et. fe* suivis d'autres caractères illisibles.

Largeur : 6 po. 1 l. Hauteur : 5 po., y compris 6 l. de
marge.

22. *Portrait de J.-A. de Maroulle.*

Ce personnage, en costume d'abbé, est vu à mi-
corps et de profil, tourné à gauche où il regarde,
dans un ovale en hauteur, dont tout l'entourage est
blanc.

Au dessous, en trois lignes : I. A. DE MA-
ROULLE. *Dessiné et Gravé par son Amy Charles
Coypel.* 1726.

Hauteur : 8 po. 2 l. Largeur : 6 po. 1 l.

On connaît quatre états de cette planche:
I. Avant la lettre.
II. C'est celui décrit.
III. L'inscription rapportée est effacée. Le portrait est entouré d'une bordure, armoriée à sa base, dont les angles
sont teintés. Sans inscription.
IV. Sur la bordure on lit : J. A. *de* MAROULLE, FILS
de VINCENT de MAROULLE DUC de JEAN PAUL, NÉ
A MESSINE en 1674. DÉCÉDÉ A PARIS en 1726. ; sur
l'appui armorié , huit vers : *voici le Connoisseur profond....;*
et plus bas : *Dessiné et gravé par Son Amy Coypel.*

23. *Portrait de* N. *Aymon.*

Ce personnage, qui était porte-manteau du roi
Louis XV, fut général du *Régiment de la Calotte,*
que formèrent, au commencement du dix-huitième
siècle, des partisans zélés des *vieilles doctrines,* pour
en raviver l'empire. Il est vu à mi-corps et de face,
où il regarde, faisant d'une main les cornes, et s'appuyant de l'autre sur une marotte, insigne de son
pouvoir ; il est vêtu de l'uniforme de ce régiment,
folâtre en apparence, et environné de papillons.
Morceau dans une bordure ovale, dont les angles
sont teintés.

Dans la marge, sous le trait carré, on lit, à gauche : G. à l'eau-forte par *L. C. C.;* et à droite : *Terminé au Burain par Joullain ;* et au dessous :
AYMON PREMIER *Dessiné par son amy Ch. Coy-*

pel. 1726. Cette inscription est coupée à son milieu par les armes du régiment.

Hauteur : 10 po. 6 l., y compris 20 l. de marge. Largeur : 6 po. 6 l.

On connaît trois états de cette planche :
I. Avant la lettre, les armes et les papillons.
II. Avec les armes et les papillons.
III. Avec la lettre; c'est celui décrit.

PIÈCES D'APRÈS DIFFÉRENS MAITRES.

24. *Tête regardant à gauche.*

Tête riante, vue presque de profil, tournée à gauche, où elle regarde. Elle est au milieu de l'estampe, dont le fond est blanc. Pièce sans lettre, qui passe pour avoir été gravée d'après un dessin de Léonard de Vinci, d'autres disent de Raphaël.

Hauteur : 4 po. 2 l. Largeur : 4 po.

On connaît deux états de cette planche :
I. C'est celui décrit.
II. Avec le n° 54 au bas de la droite; numéro qui se rapporte à l'un des volumes des dessins du Cabinet du roi.

25. *Tête regardant à droite.*

Tête calme, vue de profil, et tournée à droite. Le fond est blanc.

Au bas, à gauche : *Raphaël*; et à droite : *C. Coypel f.*

Hauteur : 4 po. Largeur : 3 po. 6 l.

On connaît trois états de cette planche :

I. A l'eau-forte pure.

II. Retouchée. La draperie est prolongée sur l'épaule droite. Sans marque.

III. C'est celui décrit.

26. *Figure d'Apollon, d'après Michel-Ange.*

Morceau légèrement indiqué, où l'on voit la figure d'Apollon debout et de face, tournant la tête à droite, tenant d'une main un violon et relevant, de l'autre, sa draperie sur ses épaules.

Au bas : *Micael ang. Cabinet du Roy. C. C. sculp.*

Hauteur : 9 po. 11 l. Largeur : 6 po. 11 l.

27. *Figure académique, d'après le même.*

Posée sur le pied gauche, elle est vue de face et regarde à gauche.

Au bas : *Micael ang. Cabinet du Roy. C. C.*

Même dimension.

28. *Tombeau, d'après le même.*

Un sarcophage, surmonté d'une coquille et de deux figures, se voit en avant d'une décoration d'une riche architecture, garnie de niches avec statues et surmontée d'un trophée d'armes, de termes et d'autres figures. Au bas sont deux Fleuves couchés sur leurs urnes. Dans un encadrement, au dessous du sarcophage, on lit, au milieu : *Cabinet du Roy;* à gauche : *Michel ange In;* et à droite : *C* Carolusque Coypel.*

Hauteur : 11 po. 6 l. Largeur : 7 po. 6 l.

29. *Autre Tombeau, d'après le même.*

Deux sarcophages, surmontés chacun d'une figure couchée et posés sur des socles ornés de bas-reliefs, sont placés en avant d'une riche décoration architecturale que plusieurs statues animent.

Au bas, on lit, à gauche : *C*. Carolusque C. sculpserunt ;* au milieu : *Cab. du Roy ;* et à droite : *Michel Ange Jn.*

Hauteur : 13 po. 9 l. Largeur : 8 po. 9 l.

30. *Attila allant assiéger Rome, d'après Raphaël.*

Le roi, à cheval, au milieu de l'estampe, et dirigé vers la droite, est saisi d'étonnement, ainsi que son armée, à l'apparition de saint Pierre et de saint Paul, que précède une légion céleste.

Au bas, à gauche : *Raphaël d'Urbin Jn ;* au milieu : *Cabinet du Roy ;* et à droite : *C*. Carolusque C. sculpserunt.*

Largeur : 22 po. Hauteur : 13 po. 6 l.

ADRIEN MANGLARD.

L'histoire de l'art est à peu près muette sur cet artiste ; elle nous enseigne seulement que Lyon le vit naître en 1696, et qu'il mourut à Rome en 1760.

Il paraît certain cependant qu'il fut membre de l'Académie royale de peinture de Paris et de celle de Saint-Luc de Rome, et que le célèbre Joseph Vernet fut son élève.

Nous devons à sa pointe forte, mais assez libre, les quarante-quatre estampes que nous allons décrire. Si plusieurs témoignent de son peu de talent pour la figure, toutes prouvent que Manglard entendait bien la perspective aérienne, et que les effets du clair obscur ne lui étaient pas étrangers. La plupart annoncent, d'ailleurs, un goût assez sûr.

Comme il ne mania la pointe que vers la fin de ses jours, à un âge où le progrès n'est plus possible, ses premières planches valent les dernières ; il eut peut-être le tort de traiter l'eau-forte sur une trop grande échelle, ce genre ne paraissant comporter que des proportions généralement moindres que celles qu'il a employées.

OEUVRE

D'ADRIEN MANGLARD.

MORCEAUX D'APRÈS SES COMPOSITIONS.

PIÈCES DATÉES DE 1753.

1. *Vue du Sépulcre de* Cecilia Metella.

Ce monument occupe le fond de la gauche. Dans le coin bas du même côté, on voit un dessinateur assis, et à droite un groupe de cinq figures. Sur un fragment d'architecture, au bas, on lit : *Manglard 1753*, tracés à rebours par l'artiste même, comme nous le rapportons, n° 16, de nos planches auxiliaires.

Dans la marge : *Mausoleo o sepolcro di Cecilia Metella detto volgarmente Capo di bove dalli teschi di bovi, che sono sotto la cornice.*

Diverse compositioni e Vedute inventate ed intagliate da Adriano Manglard in Roma l'an. 1753, con Licenza de superiori. Si vendono da Giacomo Billy alla Chiesa nuova.

Largeur : 11 po. 6 l. Hauteur : 8 po. 4 l., y compris 11 l. de marge.

On connaît trois états de cette planche :

I. On lit seulement dans la marge à gauche, près du trait

carré : *Adr^{no} Manglard fec Romæ* 1753 ; inscription qui a disparu aux états postérieurs.

II. C'est celui décrit ; il ne porte pas de numéro.

III. Il porte un numéro, mais l'adresse de Billy est effacée.

2. *Vue de partie de l'intérieur du Colisée.*

Cet édifice occupe le fond de la composition. Sur le premier plan, à droite, on remarque un groupe de neuf personnes, hommes, femmes et enfans.

Dans la marge, au milieu : *Parte di dentro del Colosseo di Roma;* et à gauche : *Adr^{no} Manglard fecit Romæ* 1753.

Largeur : 11 po. 6 l. Hauteur : 8 po. 2 l., y compris 7 l. de marge.

On connaît deux états de cette planche :

I. Avant le numéro.

II. Avec un numéro (1).

3. *Vue de* Ponte Salaro.

L'un des plus anciens monumens de l'antiquité romaine.

Ce pont, dont la culée, à gauche, est garnie d'une tour carrée, est vu en perspective en travers de l'estampe. Sur l'Arno, au milieu du devant, on aperçoit une barque montée de trois hommes. Deux voyageurs sont assis au bas de la droite, et un troisième, debout entre deux arbres, s'appuie sur son

---

(1) Cette remarque est commune aux n°s 3 à 9, 11 et 12, 15 à 26, 31 à 34, 36 à 39 et 41. La division de ce catalogue ne nous a pas permis de suivre l'ordre des chiffres placés par le dernier éditeur des planches.

bâton. Sur la terrasse, au milieu, en caractères retournés : *Manglard f.*

Dans la marge, au milieu : **PONTE SALARO;**
et à gauche : *Adr.^no Manglard fec. Romæ* 1753.

Largeur : 11 po. 7 l. Hauteur : 8 pó. 4 l., y compris 7 l.
de marge.

4. *Vue du Vésuve.*

Le Vésuve est en éruption au fond de la gauche.
Une barque à voiles triangulaires et une galère
voguent dans le bas.

Dans la marge, au milieu : *Veduta del Vesuvio
di Napoli;* et à gauche : *Andr.^no Manglard fecit
Romæ* 1753.

Même dimension.

5. *Le Grain.*

Une côte extrêmement escarpée, garnie de tours
et d'autres fabriques, occupe le fond de la gauche;
deux vaisseaux, dont un a trois mâts, voguent à
droite assaillis par un grain accompagné de pluie
qui les pousse violemment à la côte.

Dans la marge, à gauche : *Ad. Manglard fecit
an.* 1753.

Largeur : 11 po. 4 l. Hauteur : 8 po. 2 l., y compris 3 l.
de marge.

6. *Le Coup de tonnerre.*

La foudre sillonne la nue, et frappe une fabrique
qui se voit sur un rocher au fond de la gauche. Un
vaisseau, battu par l'orage et voguant à droite, paraît dans le plus grand danger; des hommes placés

sur le rivage opposé répondent à sa détresse, mais n'osent s'abandonner aux flots, en présence d'un monstre marin prêt à échouer.

Dans la marge, à gauche : *Adr.ⁿᵒ Manglard fecit Romæ 1753.*

Largeur : 11 po. 5 l. Hauteur : 8 po. 2 l., y compris 3 l. de marge.

7. *L'Éclaircie.*

Vue de mer par un coup de soleil venant de la gauche. Deux vaisseaux et une embarcation légère voguent sur une ligne à peu près parallèle à la côte du fond, où, vers le milieu, on aperçoit un château-fort. Sur le rivage, à gauche, un homme dirige des mulets chargés, en s'entretenant avec un voyageur qui se repose. Un troisième homme est vu plus loin assis sur sa monture.

Dans la marge, du même côté : *Ad. Manglard fecit an. 1753.*

Même dimension.

8. *Le Port de mer à la Tour ronde.*

Le fond de la gauche est occupé par une forteresse qui se lie à une tour ronde au dessus de laquelle est une vigie, et ayant plusieurs vaisseaux amarrés à sa base. Sur un quai régnant au bas de la droite, où se voit en partie un vaisseau de haut bord, on aperçoit deux officiers de marine qui semblent donner des ordres à des matelots.

Dans la marge, à gauche : *Ad. Manglard fecit an. 1753.*

Largeur : 11 po. 4 l. Hauteur : 8 po. 2 l., y compris 4 l.
de marge.

9. *Le Port de mer à la Tour carrée.*

Une porte de ville, surmontée d'une tour carrée,
occupe le fond de la gauche. En avant, se voit un
vaisseau en radoub. Du côté opposé, plusieurs
vaisseaux prennent le large. Au bas de la droite,
sur un quai où sont amarrées une felouque et une
espèce de gondole, on voit deux personnages donnant des ordres à des matelots qui se reposent, et à
deux autres qui rangent des ballots.

Dans la marge, à gauche : *Manglard fec. Romæ*
1753.

Largeur : 11 po. 8 l. Hauteur : 8 po. 4 l., y compris
4 l. de marge.

10. *Le Port de mer aux deux Tours.*

Deux tours en partie ruinées occupent le fond de
la gauche. De ce côté sont amarrés deux bâtimens
marchands et leurs chaloupes, et, sur le premier
plan, quatre hommes sont assis autour d'un feu.
Dans l'angle bas de la gauche, en caractères retournés : *Manglard.*

Dans la marge, à gauche : *Manglard fec. Romæ*
1753 ; et à droite : *Si vende da Giac. Billy alla
Chiesa Nuova.*

Même dimension.

On connaît deux états de cette planche :
I. Avant le numéro ; c'est celui décrit.
II. Avec un numéro ; mais l'adresse de Billy est effacée.

11. *Les Baigneurs.*

Sur un rocher, au bas de la droite, deux personnes nues assises semblent se reposer des fatigues du bain, tandis que deux autres s'apprêtent à suivre à la mer deux baigneurs qui nagent à gauche; au fond, une forteresse au pied de laquelle sont amarrés plusieurs vaisseaux. Sur le rocher, en caractères retournés : *Manglard.*

Dans la marge, à gauche : *Manglard fec. Romæ* 1753.

Largeur : 11 po. 7 l. Hauteur : 8 po. 4 l., y compris 6 l. de marge.

12. *La Galère.*

Une galère vue de flanc est dirigée à force de rames au fond de la droite, où se voit un port, et suivie d'une chaloupe montée de neuf personnes. Sur l'eau, au bas de la gauche, en caractères retournés : *Manglard* 1753; et au dessous, dans la marge : *Manglard fec. Romæ* 1753.

Largeur : 11 po. 6 l. Hauteur : 8 po. 4 l., y compris 4 l. de marge.

13. *Le Coup de vent.*

Un vaisseau de haut bord et une embarcation légère, assaillis par un coup de vent, semblent voguer à gauche, mais en dérive; un tonneau et un autre objet d'échouage surnagent au bas du même côté.

Dans la marge, à gauche : *Adr.ⁿᵒ Manglard fec. Romæ* 1753.

Largeur : 11 po. 7 l. Hauteur : 8 po. 4 l., y compris 4 l. de marge.

On connaît trois états de cette planche :

I. Avant la lettre.

II. C'est celui décrit ; il ne porte pas de numéro.

III. Il porte un numéro.

14. *La Felouque en panne.*

Une felouque est en panne en travers de la composition. Un bateau de transbordement se voit en avant ; les hommes qui le montent semblent attendre, inoccupés, l'arrivée d'un autre bateau pareil qui est en chargement au dessous d'un quai à gauche.

Dans la marge, de ce côté : *Manglard. fec. Romæ* 1753.

Largeur : 11 po. 6 l. Hauteur : 8 po. 3 l., y compris 4 l. de marge.

On connaît trois états de cette planche, semblables à ceux de la précédente.

15. *Les Pères du désert.*

Deux religieux se voient dans ce morceau qui offre un site montueux et boisé au bord de la mer ; l'un, agenouillé, prie dans un livre en avant d'une croix ; l'autre, assis au milieu, prie aussi dans un livre. Sur la terrasse, en caractères retournés : *Manglard.*

Dans la marge, à gauche : *Manglard fec. Romæ* 1753.

Largeur : 11 po. 7 l. Hauteur : 8 po. 4 l., y compris 5 l. de marge.

16. *Les Pêcheurs.*

Vue d'un pays formé de collines que dominent de hautes montagnes commençant au bord de la droite et qui se prolongent au delà du milieu du fond. Boisé à gauche, il est enrichi, dans le fond, de diverses fabriques et animé de plusieurs groupes de figures. Un pêcheur debout, à côté d'un autre assis, au milieu du devant, tient une anguille qu'il s'apprête à mettre dans un panier tenu par un enfant. Un troisième pêcheur tend une nasse dans un ruisseau coulant au bas.

Dans la marge, à gauche : *Ad. Manglard fecit an.* 1753.

Largeur : 11 po. 4 l. Hauteur : 5 po. 2 l., y compris 3 l. de marge.

17. *Le Retour de l'abreuvoir.*

Deux buffles conduits par un pasteur, et un âne monté par un homme, se voient sur un chemin, au milieu du bas; ils semblent venir de s'abreuver à un étang qui baigne le centre de la composition, et dont les rives escarpées vont, en s'adoucissant, au fond de la gauche, où l'on voit une vaste fabrique. Sur une pierre, au bas du même côté, en avant d'un grand arbre, le monogramme du maître formé des lettres A M R, comme nous le rapportons, n° 16, de nos planches auxiliaires.

Dans la marge, à gauche : *Manglard fec. Romæ* 1753.

Largeur : 11 po. 6 l. Hauteur : 8 po. 3 l., y compris 4 l. de marge.

18. *Les Chasseurs au repos.*

Quatre chasseurs semblent se reposer au milieu
de ce morceau, non loin d'une pièce d'eau ombragée par des arbres. Au fond de la droite, un berger
conduit son troupeau. Sur la terrasse, le monogramme du maître.

Dans la marge, à gauche : *Manglard fec. Romæ*
1753.

Même dimension.

19. *Intérieur de forêt.*

Ce morceau présente la vue d'une forêt. Dans
une clairière, au milieu, on aperçoit quatre personnes dont l'une est prosternée. Sur la terrasse, à
gauche, on lit, en caractères retournés : *Manglard*
1753.

Dans la marge, du même côté : *Manglard fec.
Romæ* 1753.

Même dimension.

20. *Les Bœufs à l'abreuvoir.*

La gauche de ce morceau offre, dans le lointain,
une fontaine monumentale ombragée, à laquelle
s'abreuve un troupeau de bœufs. Du milieu du devant, s'élève un gros arbre couvrant de son ombre
deux personnes assises de face. Le fond du côté opposé présente un mont couronné d'une fabrique, et
au delà une chaîne de hautes montagnes.

Dans la marge, à gauche : *Adr^{no} Manglard fec.
Romæ* 1753.

Même dimension.

21. *Le Troupeau de buffles.*

Un pâtre vu par derrière et debout à droite, appuyé sur son bâton, parle à un homme couché au pied d'un roc garni de verdure, tout en gardant un troupeau de buffles, la plupart couchés, qui se voit au milieu et à gauche, sur une colline au delà de laquelle s'en élèvent d'autres, aboutissant dans le plus grand lointain à une montagne couronnée d'une forteresse. Le monogramme du maître se voit au bas.

Dans la marge, à gauche : *Manglard fec. Romæ* 1753.

Largeur : 11 po. 7 l. Hauteur : 8 po. 4 l., y compris 4 l. de marge.

22. *Le grand Port de mer à la Tour carrée.*

Vue d'un port de mer par un temps calme. Sur un quai, à gauche, où sont amarrés des vaisseaux, on voit trois pièces de canon et un matelot rangeant des barils de poudre, et au delà un groupe de cinq personnes de diverses nations. Le fond offre une forteresse ayant une tour carrée. Sur une dalle, au bas, le nom du maître tracé à rebours.

Dans la marge, à gauche : *Adr. Manglard fecit Romæ* 1753.

Largeur : 17 po. Hauteur : 11 po. 5 l., y compris 8 l. de marge.

23. *Le Soleil couchant.*

Au pied d'un monument en ruine qui se voit en partie au bas de la gauche, une femme converse avec trois personnes, non loin des pêcheurs qui ont rangé là des poissons, et qui en apportent encore. Deux files de mariniers se voient au delà halant un vaisseau et un bateau. Sur un rocher, au milieu du bas on voit un homme étendu mort et quatre matelots. Le soleil paraît au fond et éclaire de ses rayons cette vaste composition.

Dans la marge, à gauche : *Adr. Manglard fecit Romæ* 1753.

Largeur : 17 po. Hauteur : 11 po. 7 l., y compris 6 l. de marge.

24. *Vue prise près des ruines du temple du Soleil et de la Lune.*

Sur le premier plan, à gauche, en avant d'un gros arbre, un homme s'entretient avec deux femmes accompagnées d'un enfant. Un troupeau de bœufs s'aperçoit au milieu, longeant un lac, et au delà les restes du temple du Soleil et de la Lune. Sur la terrasse, on lit à rebours : *Manglard.*

Dans la marge, à gauche : *Adr. Manglard fecit Romæ* 1753.

Largeur : 17 p. 1 l. Hauteur : 11 p. 6 l., y compris 8 l. de marge.

25. *Le Port de mer au clair de lune.*

Des vaisseaux sont amarrés en avant d'une jetée qui s'étend du pied d'un rocher surmonté d'une tour, vu au fond de la gauche, jusqu'au milieu de l'estampe. Sur le premier plan de ce côté, au dessous d'un fanal, un cavalier précède des chevaux chargés. La lune paraît entourée de nuages vers le milieu du fond, et se réfléchit dans la mer.

Dans la marge, à gauche : *Adr. Manglard fecit Romæ* 1753.

Largeur : 17 po. 1 l. Hauteur : 11 po. 6 l., y compris 5 l. de marge.

26. *Le Vaisseau démâté.*

Un vaisseau démâté, que sillonne encore la foudre, se voit, à gauche, au delà de sa chaloupe montée de plusieurs hommes poussant des cris de détresse vers la droite où, sur une montagne couronnée d'un fort, l'on voit des spectateurs du désastre qui semblent y prendre part.

Dans la marge, à gauche : *Adr. Manglard fecit Romæ* 1753.

Largeur : 17 po. 1 l. Hauteur : 11 po. 7 l., y compris 6 l. de marge.

27. *Combat naval.*

Deux chaloupes en viennent à l'abordage, au bas de la gauche; l'une d'elles paraît être le seul refuge de plusieurs hommes de l'équipage d'un vaisseau en feu, à droite, et qui se cramponnent à ses bords.

Dans la marge, à gauche : *Adr. Manglard fecit Romæ* 1753; et à droite : *Si vende da Giac. Billy alla Chiesa nuova.*

Largeur : 17 po. 3 l. Hauteur : 11 po. 8 l., y compris 6 l. de marge.

On connaît trois états de cette planche :

I. Avant l'adresse de Billy.

II. C'est celui décrit ; il est avant le numéro.

III. Avec un numéro ; l'adresse de Billy effacée (1).

28. *Vue intérieure du Colisée.*

Plusieurs groupes de curieux animent l'intérieur de cet édifice, qui embrasse toute la largeur de l'estampe ; deux cardinaux s'y avancent de la droite, et un groupe de cinq personnes le contemple vers le milieu du bas. Un berger assis auprès semble leur servir de *cicerone*. Sur la terrasse, à gauche, on lit en caractères retournés : *Manglard* 1753.

Dans la marge, au milieu : *Prospetto interno dell' Anfiteatro Flavio, chiamato Colosseo dalla Statua Colossale, che era nel Capo della Via Sacra ;* et à gauche : *Adr. Manglard fecit Romæ* 1753. *Si vende da Giac. Billy.*

Largeur : 20 po. 9 l. Hauteur : 11 po. 8 l., y compris 7 l. de marge.

29. *Vue de l'intérieur d'un port.*

Sur le devant de ce morceau, on aperçoit des voyageurs de différentes nations, un chariot environné de bœufs et une chaloupe en réparation ; au delà, à droite, un arsenal que domine une haute montagne, et, au milieu, un vaisseau qu'on chauffe. Sur une dalle, au bas, le nom du maître tracé à rebours.

Dans la marge, à gauche : *Adr. Manglard fecit an.* 1753 ; et à droite : *Si vende in Roma da Giac. Billy alla Chiesa nuova.*

---

(1) Cette remarque s'applique aux n.^s 28, 29, 30, 35 et 43.

Largeur : 20 p. 10 l. Hauteur : 11 po. 8 l., y compris 6 l. de marge.

30. *Le Port de Naples.*

Vue de l'intérieur du port de Naples. Derrière un fort armé, vu en partie à gauche, est amarrée une galère de l'Église. Sur un quai s'étendant depuis ce fort jusqu'aux deux tiers de la largeur de l'estampe, on aperçoit des marins de diverses nations, des visiteurs et des hommes de peine.

Dans la marge, à gauche : *Adr. Manglard fecit an.* 1753 ; et à droite : *Si vende in Roma da Giac. Billy.*

Largeur : 20 po. 11 l. Hauteur : 11 po. 8 l., y compris 7 l. de marge.

PIÈCES DATÉES DE 1754.

31. *Le Paysage aux deux barques.*

Une rivière vient du fond de la gauche en passant sous un pont de trois arches qui lie une ville, vue à droite, avec un fort qu'on aperçoit du côté opposé. Deux bateaux sont en avant de ce port, non loin d'une langue de terre où se voient des baigneurs. Un homme assis sur une pierre, au bas de la gauche, fait une indication à un personnage en costume antique, debout à son côté.

Dans la marge, à gauche : *Adr. Manglard fecit an.* 1754.

Largeur : 11 po. 5 l. Hauteur : 8 po. 3 l., y compris 2 l. de marge.

32. *Le Paysage aux deux palmiers.*

Paysage traversé au milieu par un pont en pierres d'une seule arche, au delà duquel on voit une plaine animée de plusieurs personnes, ornée d'un sépulcre antique occupant le milieu du sujet, et d'un mausolée de forme pyramidale, et bornée, au fond, par une ville que dominent de hautes montagnes. Le côté gauche du devant présente un site rocheux au delà duquel s'élèvent deux palmiers. Le côté opposé offre, en deçà des débris d'une construction où l'on remarque les restes d'un sphinx, un terrain montueux ombragé d'un gros arbre. Sur le premier plan, au milieu, une femme et son enfant semblent revenir de la ville, où, du même point, paraissent se diriger deux couples de promeneurs. Composition dans le goût de *Francisque Millet.*

Dans la marge, à gauche : *Adr. Manglard fecit an.* 1754.

Largeur : 11 po. 5 l. Hauteur : 8 po. 3 l., y compris 4 l. de marge.

33. *Élie et la Veuve de Sarepta.*

Vue d'un charmant paysage boisé dont le fond présente la ville de Sarepta, dans lequel le prophète Élie, debout à gauche, fait une indication à la veuve de Sarepta agenouillée à ses pieds, ayant devant elle quelques morceaux de bois qu'elle avait ramassés, et dont son jeune enfant, agenouillé un peu plus loin, tient une brassée.

Dans la marge, à gauche : *Adr. Manglard fecit an. 1754.*

Largeur : 11 po. 6 l. Hauteur : 8 po. 3 l., y compris 4 l. de marge.

34. Ponte Mamolo.

Ce pont, formé de deux arches, occupe le fond de l'estampe. Un bateau descend le Tibre, à gauche, et est halé par un marinier vu sur le premier plan.

Dans la marge, au milieu : *Ponte Mamolo fuori di Roma;* et à gauche : *Adr. Manglard fecit an. 1754.*

Largeur : 11 p. 8 l. Hauteur : 8 po. 4 l., y compris 5 l. de marge.

35. Ponte Lucano.

Vue perspective de ce pont formé de quatre arches, traversant le milieu de l'estampe. Il est commandé par une tour ronde crénelée vue à gauche. Sur le premier plan de ce côté, un homme, assis au bord de l'eau, fait une indication à un voyageur debout devant lui. Un troupeau de bœufs s'abreuve au bas, du côté opposé.

Dans la marge, au milieu : *Ponte Lucano sotto Tivoli;* et à gauche : *Adr. Manglard fecit an. 1754. Si vende in Roma da Giac. Billy.*

Largeur : 11 po. 8 l. Hauteur : 8 po. 4 l., y compris 6 l. de marge.

36. Ponte della Coria.

Vue perspective de ce pont formé aussi de quatre arches, traversant le milieu de l'estampe, et au delà duquel on aperçoit la haute montagne qui le domine. Une femme, la tête chargée d'un vase, se voit au bas de la gauche, suivie d'une autre femme qui tient un enfant. Le bas du côté opposé offre une fontaine monumentale à laquelle une femme lave du linge.

Dans la marge, au milieu : *Ponte della Coria fuori di Tivoli;* et à gauche : *Adr. Manglard fecit an.* 1754.

Largeur : 11 po. 9 l. Hauteur : 8 p. 5 l., y compris 5 l. de marge.

37. Ponte Lamentano.

Ce pont est vu vers la gauche du fond. Au bord du Téveronne, sur le premier plan du même côté, on aperçoit un paysan monté sur son âne, que suit, à pied, un voyageur enveloppé dans son manteau. Le fond de la droite, où il pleut, offre une espèce d'hôtellerie à côté des vestiges d'une construction antique.

Dans la marge, au milieu : *Ponte Lamentano fuori di Roma;* et à gauche : *Adr. Manglard fecit an.* 1754.

Même dimension.

38. *Le Bac.*

Vue de l'embouchure d'un fleuve dont la rive, à droite, très escarpée, est garnie d'une baraque sur pilotis. Un bac, monté de deux cavaliers et de trois autres passagers, le traverse en se dirigeant à gauche, où, dans le lointain, on voit une ville. Les étoiles brillent au firmament, et la lune entourée de nuages éclaire le sujet.

Dans la marge, à gauche : *Adr. Manglard fec.*

Largeur : 11 po. 5 l. Hauteur : 8 p. 3 l., y compris 5 l. de marge.

39. *Le Vaisseau en rade.*

Un trois-mâts est amarré de travers au bas de la gauche, entouré de plusieurs embarcations. Des ancres se voient, à droite, non loin de quatre matelots. Le fond de ce dernier côté présente un port que domine une forteresse. Sur l'eau : *Manglard.*

Largeur : 11 po. 6 l. Hauteur : 8 po. 3 l., y compris 1 l. de marge.

40. *L'Ouragan.*

Paysage coupé à son milieu par une rivière venant du fond, et se perdant dans le coin bas de la gauche. Il est agité par un ouragan qui a rompu des branches aux arbres qui le garnissent, et contre lequel semblent lutter avec effort trois voyageurs au milieu du bas.

Dans la marge, à gauche : *Adr. Manglard fecit.*

Largeur : 11 po. 6 l. Hauteur : 8 po. 3 l., y compris 3 l. de marge.

On connaît trois états de cette planche :

I. Avant le nom du maître.

II. C'est celui décrit.

III. Avec un numéro.

41. *Vue de la Girande du château Saint-Ange.*

Un grand nombre de spectateurs vus sur des bateaux, à gauche et sur le rivage du côté opposé, regardent le feu d'artifice qui éclate sur le château Saint-Ange qu'on aperçoit au milieu du fond.

Dans la marge, au milieu : *Veduta della Girandola, che si fa in Roma nella Mole Adriana, detta Castel Sant'Angelo;* et à gauche : *Adr. Manglard fecit.*

Largeur : 11 po. 6 l. Hauteur : 8 p. 4 l., y compris 5 l. de marge.

42. *Le Naufrage.*

Vue de mer par une tempête. Un vaisseau de haut bord a été précipité par les flots contre des rescifs qui occupent le milieu du bas, et y a fait naufrage. Des hommes s'occupent du sauvetage des personnes qui ont survécu à ce désastre. D'autres vaisseaux, dans le lointain, semblent lutter avec effort contre un sort pareil. Le rivage, à gauche, est formé d'un rocher à pic surmonté d'une tour ; et, à droite, d'un site orné des restes d'un arc de triomphe.

Dans la marge, à gauche : *Manglard fecit*; et à droite : *Jacobus Billy excudit Romæ.*

Largeur : 15 po. 8 l. Hauteur : 10 po. 7 l., y compris 4 l. de marge.

On connaît quatre états de cette planche :

I. Avant la lettre.

II. Avec la lettre ; mais sans l'adresse de Billy.

III. C'est celui décrit.

IV. Avec un numéro ; l'adresse de Billy effacée.

43. *Rémus et Romulus.*

Le berger Faustulus, environné d'autres bergers, debout, à droite, se dispose à ravir à la louve, qu'on aperçoit du côté opposé, Rémus et Romulus exposés dans une manne au bord du Tibre, et qu'elle veille.

Dans la marge, à gauche : *Manglard fec.*; et à droite : *Si vende in Roma da Giac. Billy* 1761.

Largeur : 16 po. Hauteur : 11 po. 10 l., y compris 7 l. de marge.

MORCEAU D'APRÈS CIROFERRE.

44. *Sainte Agnès au ciel.*

La cour céleste occupe toute la composition. Sainte Agnès, conduite par la Vierge Marie, est présentée à la Sainte-Trinité, au milieu du haut, et Dieu le Fils tient la couronne qui lui est destinée.

On lit au bas : *Disegno della Cuppola della Chiesa di S. Agnese in Piazza Navona, come fu ideata la prima volta da Ciro Ferri Pittore di essa : il quale si conserva originale preso Adriano Manglard Pittore, che la inciso in Roma. Si vende da Giac. Billy alla Chiesa nuova.*

Largeur : 23 po. 6 l. Hauteur : 8 po. 9 l.

On connaît deux états de cette planche :
I. Avant l'adresse de Billy.
II. Cette adresse est effacée.

PIERRE SUBLEYRAS.

« Cet artiste, dit M. *Levesque*, né à Uzès en
» 1699, fut élève d'Antoine Rivalz, et avait déjà
» fait des ouvrages très importans à Toulouse,
» quand il vint se mettre au rang des élèves de l'A-
» cadémie royale de Paris. Il n'était déjà pas indi-
» gne de prendre place parmi les maîtres; dès la
» seconde année de son séjour en cette ville, il
» remporta le premier prix. Son tableau représen-
» tait le serpent d'airain, et aurait pu mériter de
» lui servir de morceau de réception. Il alla à Rome
» avec la pension du roi, et y resta quand le temps
» de son pensionnat fut expiré. Il se fit une telle ré-
» putation dans cette capitale des arts, où les talens
» étrangers ne sont pas légèrement accueillis, qu'il
» fut chargé de faire un tableau pour la basilique
» de Saint-Pierre, et qu'il vit exécuter en mosaïque,
» de son vivant. Le sujet est saint Basile célébrant
» la messe, et l'empereur Valens, protecteur des hé-
» rétiques, tombant évanoui dans les bras de ses
» gardes. Différentes villes d'Italie et des princes
» étrangers exercèrent les talens de SUBLEYRAS, qui
» mourut à Rome, en 1749, âgé de cinquante ans. »

Nous devons à sa pointe, pleine d'esprit et de goût,
analogue à celle dont Antoine Rivalz s'est servi,
les quatre estampes que nous allons décrire, et qui
sont les seules que nous ayons rencontrées. La pre-

mière paraît avoir été faite de premier jet sur le cuivre même; mais les autres sont la reproduction étudiée de trois tableaux du maître qui sont exposés au Musée royal sous les numéros 256, 258 et 263 du livret.

MM. Huber et Rost, qui ne parlent pas de nos numéros 1 et 4, disent que Subleyras a gravé le *martyre de saint Pierre*, in-folio, et *quatre morceaux tirés des contes de La Fontaine*, même format; mais ces pièces ne nous sont jamais tombées sous la main.

OEUVRE

DE

PIERRE SUBLEYRAS.

---

1. *Sainte Famille.*

La sainte Vierge en demi-figure est assise à droite, tenant dans ses bras l'Enfant Jésus endormi qu'elle semble s'apprêter à poser dans le berceau qui se voit, à gauche, en avant de saint Joseph. Morceau dans un ovale.

Dans l'angle bas de la gauche : *Subleyras fec.*, comme nous le rapportons n° 17 de nos planches auxiliaires.

Largeur : 4 po. 8 l. Hauteur : 4 po.

2. *Le Serpent d'airain.*

Moïse se voit au fond de la gauche, montrant au peuple d'Israël le serpent d'airain, que, d'après l'ordre du Seigneur, il avait érigé. A cet aspect furent guéris les Israélites, dont on aperçoit une multitude d'âge et de sexe différens, qui avaient été blessés par les serpens envoyés contre eux, serpens qui en avaient tué plusieurs par leurs *morsures brûlantes comme le feu.*

2e v.   17

Dans la marge, près du trait carré, à gauche :
Subleyras jn. pinx. et Sculp.; et au dessous, en
deux lignes : *Tabula à Petro Subleyras Parisiis
depicta hic leviter adumbrata, quæ primum præ-
mium in Regia Accademia meruit Anno* 1727.

Largeur : 8 po. 8 l. Hauteur : 7 po. 5 l., y compris 8 l.
de marge.

3. *La Madeleine aux pieds de Jésus.*

Jésus, à table chez Simon le pharisien, est assis
à droite et retourné du même côté, tendant le pied
gauche à la Madeleine en pleurs et prosternée qui
l'essuie avec sa chevelure. Un jeune homme debout,
à gauche, semble donner des ordres à des serviteurs
qui se voient de ce côté. Au milieu du devant, deux
autres serviteurs se voient à côté d'un chien qui
ronge un os.

Dans la marge, une dédicace en latin par l'artiste
à M. le duc de Saint-Aignan, suivie d'un texte tiré
de saint Luc, chap. VII; et au bas de la droite :
P. Subleyras jnven. Pinxit, et sculp. Romæ 1738.
Belle pièce et sans nul doute le chef-d'œuvre du
maître.

Largeur : 22 po. 2 l. Hauteur : 9 po., y compris 7 l. de
marge.

4. *Saint Bruno ressuscitant un enfant.*

Sur les marches d'une chartreuse, on aperçoit,
au milieu du bas, le corps d'un enfant qui paraît
avoir été apporté là comme mort par un homme

agenouillé au bas de la droite. Saint Bruno, venu de
la gauche, s'incline sur cet enfant qu'il touche en
priant, et qu'il ressuscite. Composition de dix
figures. Pièce sans marque.

Hauteur : 13 po. 6 l. Largeur : 8 po. 10 l.

FIN DU DEUXIÈME VOLUME.

1.	Carolus Melini Lotaringia fecit Romæ
2.	(1) * A.Lemercier
3.	petites figures (1) [monogram] (2) [monogram] (3) [monogram] (4) [monogram] (5) [monogram] (6) [monogram] (7) [monogram] (8) [monogram] (9) [monogram] (10) [monogram] (11) [monogram] (12) [monogram]
4.	(34) L. De La Hyre In. et pinx. (98) I. Foucquier Pinx. I Morin ſcul cum priu Regis
5.	I. Nocret in et fecit —
6.	(1) IPCROZIER in et fe 1646 (2) IP Crozier in et fecit (3) Crozier inuentor et fecit
7.	(1) N. Coypel · in · ſculp et · excudit ·
8.	Æ. PATEL · (Tableaux) (1) P. PATEL IANSFECIT (2) DEDIE au petit Bachus + alias. Vallée R.:4 PATEL, in et fecit *

9.	(1) *Boulogne L'aisné* / *Pinx. et fecit*
10.	(1.) Lafage inf (2.) [illegible] R (3.) [illegible] (7.) [monogram] (6, II). R. Lafage fecit (6, I) Lafage [illegible] (9) [illegible] (10) [illegible] (11) [illegible] (13.) R. Lafage fecit (14.) R. Lafage fecit (15.) [illegible] R (16.) R. Lafage fec
11.	(3.) A. C. fecit (7.) A C F (10.) A. C. fecit 1692. (13.) A.C. in.
12.	(1) P parrocel f. (2) parrocel. f. (3) parrocel (4) parrocel fecit (5) P Parrocel.f. 6 parrocel. invent et f (7) P. parro.in. invenit. et f (9) parrocel. in. et f (10) P. parrocel. invenit. et f (11) parrocel inuent et fe (14) p. parrocel. invent. et. f (15.) P. PARROCEL. (16) p. parrocel. inft et f. (17) . P. parrocel. in. et. fp

13.	(19) C. P. (25.) C. P. + (26.) C. Parrocel (27) Parrocel (28.) C.ᴸ Parrocel (30.) C. Parrocel f (31) C. Parrocel. f (32) C. Parrocel f (33.) C. Parrocel. f (34) C.ᴸ Parrocel C. Parrocel f Pour Son Amy x et (36.) buvant chopine Silvestre x
14.	(1,2) peint les fraux parisien Coypel
15.	(1.) *Vous qui faites cas de l'honneur* (21) C.A Coypel ineq fe
16.	(1) Manglard 1753 (3) Manglard (10) Manglard (11) Manglard (14) 1753 Manglard (15.) Manglard (17) MR (18) MR (19) 1752 Manglard (21) MR (22) Manglard (24) Manglard (28) 1752. Manglard (29) Manglard (39) Manglard.
17.	(1.) Subleyras fec.

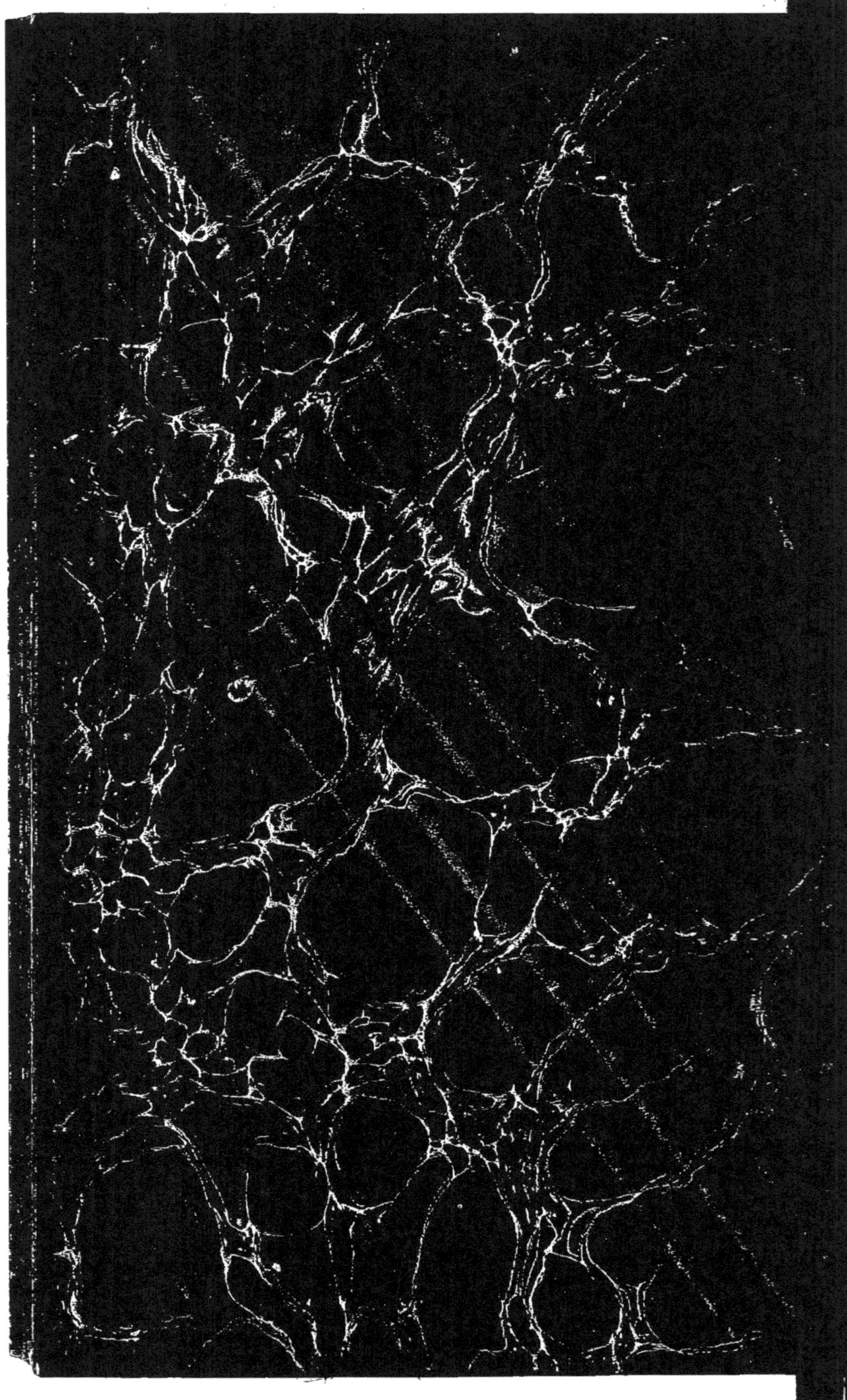